首都圏版⑧ 最新入試に対応！ 家庭学習に最適の問題集!!

学習院初等科

2025年度版 過去問題集

2020～2024年度 実施試験 計5年分収録

問題集の効果的な使い方

①学習を始める前に、まずは保護者の方が「入試問題」の傾向や、どの程度難しいか把握をします。すべての「アドバイス」にも目を通してください。
②各分野の学習を先に行い、基礎学力を養いましょう！
③力が付いてきたと思ったら「過去問題」にチャレンジ！
④お子さまの得意・苦手がわかったら、その分野の学習を進め、全体的なレベルアップを図りましょう！

厳選！ 合格必携 問題集セット

口頭試問	新口頭試問・個別テスト問題集
知　識	Jr. ウォッチャー ㉘「運動」
推　理	Jr. ウォッチャー ㉙「行動観察」
巧緻性	実践 ゆびさきトレーニング①・②・③
巧緻性	Jr. ウォッチャー ㉕「生活巧緻性」

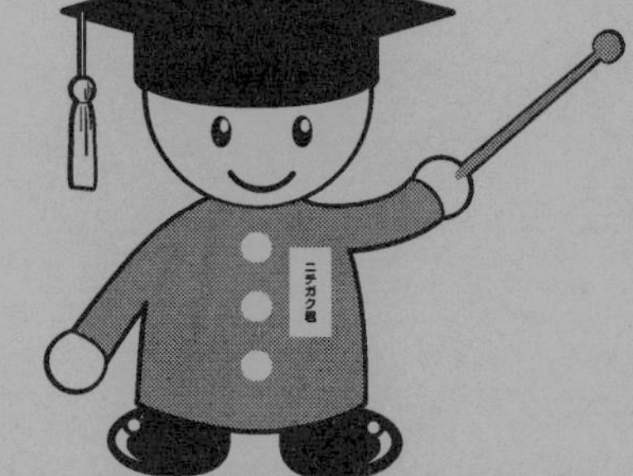

日本学習図書 ニチガク

目指せ！合格！

家庭学習ガイド
学習院初等科

巧緻性　運動　行動観察　個別テスト　口頭試問　保護者面接

入試情報

応募者数：男女約 740 名
出題形態：ノンペーパー
面　　接：保護者
出題領域：巧緻性、運動、行動観察、
個別テスト（お話の記憶、推理、常識、巧緻性）・口頭試問

入試対策

当校の入試は、一貫して「コミュニケーション能力」が重要になります。なぜその答えだと思ったのかといった理由や、どのように声をかけるかなど、志願者の考えを自分の言葉で伝えることが求められています。例年同様、2024 年度の個別テストでは、「お話の記憶」「推理」「常識」「巧緻性」などの分野から出題されましたが、内容はそれほど難しい問題はなく、知識や思考力といった基礎的なものが備わっていれば対応できるものばかりです。難問に取り組むよりは、基礎を繰り返してしっかりとした土台をつくり、指示の理解と実行、質問に沿った解答ができるといったコミュニケーション能力を伸ばした方が、より効果のある対策学習になるでしょう。集団での「運動」や「行動観察」も観点は大きく変わりません。「勉強より生活体験を積むべき」という姿勢が徹底されている入試となっています。運動は、特に難しい身体の動きが求められることはありませんが、細かな指示が出されています。最後まで集中して指示を聞くことが重要です。保護者面接は、基本的な質問が多いです。ご家庭の中で話し合い、教育方針を決めておけば、これといった特別な対策は必要ありません。

●生年月日によって試験日が決まります。他校と併願する場合には、スケジュールに注意が必要です。

●個別テストでは、解答の根拠を求められます。早いうちから練習を重ね、自分の考えを人に伝えるということに慣れておきましょう。

●個別テストの前後で待機している待合室での様子も、評価の対象となります。待っている間は気が緩んでしまいがちですが、学校を出るまでが試験だと思い、気を引き締めて臨みましょう。

●知識を問うというよりも、生活体験を積んでいるかどうかを観る問題が多く出題されています。知っているではなく、経験していることが重視されるので、日常生活の中での学びを大切にしてください。

●面接は5～7分程度と短く、突っ込んだ質問はありません。本書に掲載されている程度の質問には答えられるようにしておきましょう。

「学習院初等科」について

〈合格のためのアドバイス〉

　当校のような個別テスト・口頭試問が主体となる試験は、問題に対する答えだけでなく、解答を導き出すまでのプロセスや発表中の態度も観点となっています。例えば、「指示をしっかりと聞けているか」、「自ら考えて人に伝えられるか」、「話を聞く態度はどうか」、「待つ姿勢はどうか」という点が評価の重要なポイントです。このようなコミュニケーションの基本行動ができるように、日常生活の中で意識的に問いかけをしてみるなど、練習しておきましょう。

　そういった意味では、当校の入試対策には、保護者の方の工夫が重要です。例えば、いくつかのリンゴが描かれた絵を使用し、数に関する問題に答える場合は、リンゴの数だけではなく、同じ仲間のもの（くだもの、赤いものなど）を５つ挙げる、あるいは、同じ季節のものを５つ挙げるなど、出題以外のことを聞いてみるのもよいでしょう。保護者の方が柔軟な姿勢で指導を行うことで、お子さまにも臨機応変の思考力が身に付きます。

　簡単そうに見える問題の中にも、考えさせる要素を含んでいることが多いので、よく聞いて考えるということが必要です。

　「なぜそう考えたのか」「どうしてこうなったのか」といった言葉かけを行いながら、親子で楽しむことが学習を継続するコツの１つですが、当校の入試全般に対してもそういった姿勢で乗り切ることが合格への近道です。

〈2024 年度選考〉

◆巧緻性
◆運動
◆行動観察
◆個別テスト・口頭試問
◆保護者面接（考査当日に実施／５～７分程度）

◇過去の応募状況

2024 年度	男女約 740 名
2023 年度	男女約 780 名
2022 年度	男女約 750 名

入試のチェックポイント

◇受験番号は…「生年月日逆順」
◇生まれ月の考慮…「なし」

〈本書掲載分以外の過去問題〉

◆観察：テストの合間の待機時間に、DVD 鑑賞をする［2020 年度］
◆観察：積み木を４方向から見た時、それぞれどのように見えるか答える。［2017 年度］
◆観察：磁石の付いたブロックで動物をつくる。［2017 年度］
◆推理：じゃんけんに勝つようにカードを出す。［2018 年度］
◆制作：紙飛行機を折って、フラフープに入るように投げる。［2018 年度］
◆巧緻性：手本と同じように線を引く。［2015 年度］
◆常識：男の子が落ち込んでいる理由、何と声をかけるか答える。［2015 年度］
◆常識：水がかかった動物を見て、何をしてあげられるか答える。［2018 年度］
◆常識：電車に乗る時、してはいけないことをしている子を選ぶ。［2017 年度］

学習院初等科

過去問題集

〈はじめに〉

現在、少子化が叫ばれているにもかかわらず、私立・国立小学校の入学試験には一定の応募者があります。入試は、ただやみくもに学習するだけでは成果を得ることはできません。志望校の過去における出題傾向を研究・把握した上で、練習を進めていくこと、試験までに志願者の不得意分野を克服していくことが必須条件です。そこで、本問題集は小学校を受験される方々に、志望校の出題傾向をより詳しく知って頂くために、出題頻度の高い問題を結集いたしました。最新のデータを含む精選された過去問題集で実力をお付けください。

また、志望校の選択には弊社発行の**「2025年度版　首都圏・東日本　国立・私立小学校　進学のてびき」**をぜひ参考になさってください。

〈本書ご使用方法〉

◆出題者は出題前に一度問題を通読し、出題内容などを把握した上で、**〈 準 備 〉**の欄に表記してあるものを用意してから始めてください。

◆お子さまに絵の頁を渡し、出題者が問題文を読む形式で出題してください。問題を読んだ後で、絵の頁を渡す問題もありますのでご注意ください。

◆**「分野」**は、問題の分野を表しています。弊社の問題集の分野に対応していますので、復習の際の目安にお役立てください。

◆一部の描画や工作、常識等の問題については、解答が省略されているものがあります。お子さまの答えが成り立つか、出題者が各自でご判断ください。

◆**〈 時 間 〉**につきましては、目安とお考えください。

◆本文右端の**［〇年度］**は、問題の出題年度です。**［2024年度］**は、「2023年の秋に行われた2024年度入学志望者向けの考査で出題された問題」という意味です。

◆**学習のポイント**は、指導の際にご参考にしてください。

◆**【おすすめ問題集】**は各問題の基礎力養成や実力アップにご使用ください。

〈本書ご使用にあたっての注意点〉

◆文中に**この問題の絵は縦に使用してください。**と記載してある問題の絵は縦にしてお使いください。

◆**〈 準 備 〉**の欄で、クレヨン・クーピーペンと表記してある場合は12色程度のものを、画用紙と表記してある場合は白い画用紙をご用意ください。

◆文中に**この問題の絵はありません。**と記載してある問題には絵の頁がありませんので、ご注意ください。なお、問題の絵の右上にある番号が連番でなくても、中央下の頁番号が連番の場合は落丁ではありません。

下記一覧表の●が付いている問題は絵がありません。

問題1	問題2	問題3	問題4	問題5	問題6	問題7	問題8	問題9	問題10
						●		●	●
問題11	問題12	問題13	問題14	問題15	問題16	問題17	問題18	問題19	問題20
		●		●	●	●	●		
問題21	問題22	問題23	問題24	問題25	問題26	問題27	問題28	問題29	問題30
						●	●	●	
問題31	問題32	問題33	問題34	問題35	問題36	問題37	問題38	問題39	問題40
●					●	●			
問題41									
●									

得 先輩ママたちの声！

◆実際に受験をされた方からのアドバイスです。
ぜひ参考にしてください。

学習院初等科

・ノンペーパーテストなので、子どもにとっては何がよくて何が悪いのかがわかりにくい問題もあります。過去問題は子どもにやらせるだけでなく、保護者もしっかり目を通し、準備する必要があると思います。

・行動観察や運動、制作などの問題が多いため、過去問題に取り組む際は保護者の準備に思ったより時間がかかります。早めに取り組むことをおすすめします。

・保護者のほとんどの方が紺色系のスーツを着用されていました。

・先生方の対応はとても親切で、素晴らしかったです。

・子どもの待ち時間のために、折り紙などを持って行くとよいと思います。

・上履きに履きかえる時から最後まで、落ち着いて、ゆっくり行動することを心がけました。

・個別テストの前後での待合室での態度も評価対象です。お友だちが落としたゴミを拾って捨てたことが合格に繋がったのではないかと思います。

・待合室では、静かにしていることが前提です。イスをしまうことなども大事な評価のポイントだと思います。

・お行儀よくすることだけを考えるのではなく、ふだんの生活でお友だちや、おもちゃなどを大切にすることを教えていくとよいのではないかと思います。

・説明会や公開行事が少ないので、事前に日程を確認し、できるだけ出席した方がよいと思います。

◎学習効果を上げるため、前掲の「家庭学習ガイド」及び「合格のためのアドバイス」をお読みになり、各校が実施する入試の出題傾向を、よく把握した上で問題に取り組んでください。
※冒頭の「本書のご使用方法」「ご使用にあたっての注意点」も併せてご覧ください。

2024年度の最新入試問題

問題1　分野：個別テスト（お話の記憶）

〈準備〉　問題1の絵を枠線と点線に沿って切り離し、カードにしておく。

〈問題〉　今から読むお話をよく聞いて、次の質問に答えてください。

今日は、動物たちが遠足で水族館へ行く日です。みんな電車に乗って水族館へ行きます。ライオンが電車に乗っています。ニコニコ山駅でウサギが乗ってきました。次のプカプカ海駅ではキツネが乗ってきました。フワフワ虹駅を過ぎると、水族館はもうすぐです。電車を降りて、水族館に着くと一つ前の電車で到着したサルとタヌキが待っていました。水族館では南の海の魚たちをたくさん見ました。今度みんなで海にも行ってみたいねと楽しく話しました。

（カードを志願者の前に置く）
①一足先に着いて水族館で待っていたのはどの動物でしょうか。カードを指さしてください。
②電車に乗って水族館に行ったのは、どの動物たちでしょうか。乗った順番にカードを並べてください。

〈時間〉　各1分

〈解答〉　①サル、タヌキ　②ライオン、ウサギ、キツネ

アドバイス

お話も短く、問題も2問だけなので、簡単な問題といえます。この問題の特徴は、ペーパーではなく、カードを使った個別テストという形式になっている点です。試験官とのやりとりに緊張して上手く答えられないこともあるかもしれません。こうした形式は当校ではおなじみのものです。事前に緊張するようなコミュニケーションの場を作ったり参加することで準備しておくとよいでしょう。②については、まずサルとタヌキが先に着いていたことがわかっていることが必須です。あとは、お話に出てきた順番が乗った順番と同じになります。駅名がいかにも出題されそうな個性的な名称になっています。保護者の方は駅のカードを別に作成し、「ウサギが乗った駅はどれでしょうか」など、追加で設問してみてもよいでしょう。

【おすすめ問題集】
1話5分の読み聞かせお話集①・②、お話の記憶問題集 初級編・中級編、
Ｊｒ・ウォッチャー19「お話の記憶」

問題2　分野：個別テスト（推理）

〈準 備〉　マグネットのセット

〈問 題〉　左側にあるマグネットを置いたものを真ん中で折ったら、左側のマグネットはそれぞれ右どこに行くでしょうか。用意したマグネットを使って置いてください。

〈時 間〉　1分

〈解 答〉　下図参照

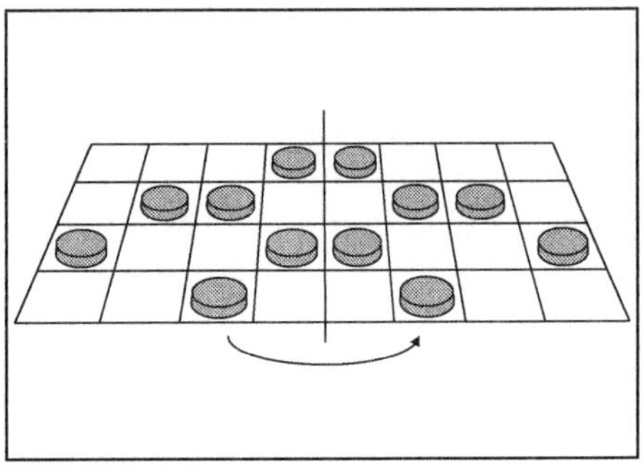

アドバイス

同様の問題がペーパーで出題される学校は数多くありますが、これをマグネットや積み木など実際の物を使って行われるのが当校の試験の特徴です。内容自体は回転・展開図形を理解させるときの具体物を使用した基本の考え方の問題ですので、難しい問題ではありません。マグネットをどこに置くか迷うことはあまりないでしょう。マス目の中心に正しく丁寧に置くことも評価の対象になること念頭に入れておきましょう。

【おすすめ問題集】

Ｊｒ・ウォッチャー16「積み木」、31「推理思考」、54「図形の構成」

問題3　分野：個別テスト（巧緻性）

〈準 備〉　鉛筆、クーピーペン（12色）、白い画用紙

〈問 題〉　帽子の形をした紙に画用紙をのせて描き写してください。描き写したら、画用紙を逆さまにして何に見えるか想像しながら帽子の絵に描き加えてください。

〈時 間〉　適宜

〈解 答〉　省略

アドバイス

例年出題される、運筆の課題です。運筆の課題には、本問のように絵をなぞるもののほか、線と線の間に線を引くもの、点線をなぞるもの、点と点を線で結ぶものなどさまざまなタイプがあり、当校だけでなく小学校入試において頻出しています。はじめのうちは、時間を気にせず、しっかりした線でていねいに描くことを心がけてください。慣れるにしたがい、スピードは上がっていくでしょう。鉛筆やクーピーペン、クレヨン、サインペンなどさまざまな筆記具を使い、それぞれに合った力加減をマスターするのもよいでしょう。しっかりした筆圧で思い通りの線を引くためには、筆記具の持ち方や姿勢も大切です。間違った持ち方で慣れてしまうと矯正が難しくなりますので、はじめから正しい持ち方で持てるようにしましょう。本問では加えて、絵を逆さまにすると何に見えるか想像を加えて絵を完成させる課題があります。お子さまが、見聞きしたものからどのようにイメージをふくらませられるのか、総合的な観点で評価されます。お子さまが普段の生活のなかで習慣的にお絵描きや工作ができる環境を整え、また絵画などの芸術作品に触れる機会を数多く設け、想像力が磨かれるよう工夫してください。

【おすすめ問題集】

Ｊｒ・ウォッチャー22「想像図」、24「絵画」、51「運筆①」、52「運筆②」

問題4　分野：個別テスト（見る記憶）

〈準 備〉　赤色のクーピーペン
※問題４－１の絵は、裏返しておく。

〈問 題〉　「はじめ」と言ったら絵を表にしてその絵を覚えてください。「やめ」と言ったら、また裏にしてください。
それでは、「はじめ」
（30秒たったら）　「やめ」

（問題４－２の絵を回収して、問題４－２の絵を渡す）
四角の中のもので、さっき見た絵にあったものを選んで○をつけてください。

〈時 間〉　１分

〈解 答〉　下図参照

アドバイス

見る記憶の問題も当校で頻出の分野です。実際は実物（生活用品・積み木など）を使った出題でしたが、準備が難しいので、本問題集ではイラストを使った問題にしてあります。いずれにしろ、「見る記憶」の問題は、記憶力、集中力だけではなく、何がどこにあったかを把握する観察力が重要です。観察力は、注意して見ましょうと言うだけでは身に付きません。意外に思われるかもしれませんが、観察力を養うには、「お絵描き」が有効です。まずは、お子さまが興味のあるものから描き始めてください。好きなものの絵を描くということは、よく観察し、特徴を捉えることにつながるからです。

【おすすめ問題集】

Ｊｒ・ウォッチャー20「見る記憶・聴く記憶」

問題5　分野：個別テスト（推理）

〈準 備〉　積み木（適宜）、箱
※問題５の左の絵のように積み木を箱に途中までしまっておく。

〈問 題〉　**この問題の絵を参考にしてください。**
積み木を途中まで片付けました。今、持っている積み木も全部箱に片付くように、箱の中に積み木をしまってください。

〈時 間〉　適宜

〈解 答〉　省略

アドバイス

積み木の片付けという体裁ですが、パズルのタングラムのように「図形の構成」について問われていると考えてよいでしょう。「構成」というのは図形を組み合わせて、別の図形を形作るものをいいますが、立体や平面についての感覚が志願者にあるかどうかを観るために出題されます。この問題では実物を使用していますから、頭の中で図形や立体を回転・反転させなくても回答することができますが、他校の試験では、イラストを見て答える問題も出題されています。苦手意識があるようでしたら、類題をたくさんを解いて感覚を養い、慣れておきましょう。

【おすすめ問題集】

Ｊｒ・ウォッチャー16「積み木」、31「推理思考」、54「図形の構成」

家庭学習のコツ①　「先輩ママたちの声」を読みましょう！

本書冒頭の「先輩ママたちの声」には、実際に試験を経験された方の貴重なお話が掲載されています。対策学習への取り組み方だけでなく、試験場の雰囲気や会場での過ごし方、お子さまの健康管理、家庭学習の方法など、さまざまなことがらについてのアドバイスもあります。先輩ママの体験談、アドバイスに学び、ステップアップを図りましょう！

問題6　分野：個別テスト（推理）

〈準 備〉　なし

〈問 題〉　（問題６－２の絵を渡し、６－１の絵を見せる）
動物の絵が、１本のひもでつながっています。
①の場所でひもを切って広げると、動物はどのような順番で並びますか。指でさして答えてください。
②の場所でひもを切って広げると、動物はどのような順番で並びますか。指でさして答えてください。

〈時 間〉　各20秒

〈解 答〉　①下から２番目　②上から２番目

アドバイス

やさしい問題ですが、正答を導くためには論理的思考をする必要があります。答え合わせの際、お子さまに正解・不正解を告げる前に、なぜその選択肢を選んだかを必ず説明させるようにしてください。ただ直観で答えるのではなくきちんと考えて答える習慣を身に付けることです。図形や数量の問題でも、必ず実物または代替物を使って、お子さまの目の前で再現しながら答え合わせをするようにしてください。そうすることで、その問題の考え方や気を付けるべき点をお子さまがより早くより正しく理解し、類似の問題に対しても応用できる知識として自分のものにすることにつながります。大切なのは、お子さま自身が納得・理解することです。

【おすすめ問題集】
新口頭試問・個別テスト問題集、Ｊｒ・ウォッチャー５「回転・展開」、６「系列」

問題7　分野：行動観察（巧緻性）

〈準 備〉　スモック、カゴ

〈問 題〉　この問題の絵はありません。
※別のスモックをたたんでみせる。
スモックをお手本と同じようにたたんでカゴの中に入れましょう。

〈時 間〉　適宜

〈解 答〉　省略

アドバイス

例年出題される、いわゆる「生活巧緻性」の課題です。本問のような着衣・脱衣（片付けを含む）のほか、箸使い、雑巾がけなどが課題となる年もあります。洗濯物をたたむ、掃除など家事を手伝うといった行為を日常的に経験してさえいれば、特に対策を取る必要はありません。学校側の出題意図は、こうした一般的な家事やご家族のお手伝いを年齢相応に行い、かつ生活知識があるか、身の回りのことを自分でできるか、すなわち家庭においてきちんと躾・教育がなされているかを確認することです。また、指示者の話をきちんと聞いて、指示通りに行えるかどうかも観られます。こうしたことは、試験対策として付け焼刃で教え込むようなものではなく、ふだんの家庭生活において身に付けさせるべきものです。当校では、「日常生活のしつけを重んじた生活指導を充実させ、基本的生活習慣の確立と規範意識の向上に努める。」という教育目標を明確に掲げていますので、その点を意識して毎日を過ごすようにするとよいでしょう。

【おすすめ問題集】

Ｊｒ・ウォッチャー25「生活巧緻性」、29「行動観察」、30「生活習慣」、56「マナーとルール」

問題8　分野：分野：行動観察（集団ゲーム）

〈準備〉　口先にクリップのついた魚の絵、糸の先に磁石のついた釣り竿、数字が書かれたカード

〈問題〉　今からみんなで魚釣りをします。「やめ」と言われたら、床に置かれたカードを１枚引きます。釣った魚の数とカードに書かれた数字が同じ下図ときはポイントになります。

〈時間〉　５分

〈解答〉　省略

アドバイス

行動観察では、よく見られる課題の一つです。魚釣りという「遊び」を通し、課題に取り組む姿勢や集団の中におけるふるまいが観られます。魚釣りを行う中で、他人をおしのけたり、大きな声を出すなど自己中心的な行動をせず、約束を遵守し、集団の中で協調性をもった行動ができているか、他者を尊重する姿勢がとれているかが評価されます。釣った魚の数とカードの数字が合う合わないは単なる偶然ですので、これ自体はもちろん評価の対象ではありません。試験で初めて同じグループになったお友達にポイントがついたときにも一緒になって喜べるかといった他者に寄り添う気持ちがあるかどうかも重要な観点となっています。このようなことは日常生活を通して身に付ける内容であり、学校側はお子さま自身の力だけでなく、家庭環境、保護者の方の躾力としても観られているのです。

【おすすめ問題集】

Ｊｒ・ウォッチャー29「行動観察」、30「生活習慣」、56「マナーとルール」

問題9　分野：運動

〈準備〉　音楽ＣＤ（軽快な楽曲）、再生機器、笛
※あらかじめ、床にテープ等で円を作っておく（直径７ｍ程度）
※この問題は10名程度のグループで行う。

〈問題〉　この問題の絵はありません。
・笛の合図で、床のテープの外側を歩く。
・音楽が始まったら、片足ケンケンで進む。
・笛が鳴ったらケンケンの足を替える。
・もう一度笛が鳴ったらスキップに変える。
・音楽が終わったらスキップをやめ、「気を付け」の姿勢をとる。

〈時間〉　適宜

〈解答〉　省略

アドバイス

例年行われる「運動」の課題です。本問のような、円に沿ってケンケンやスキップを行う運動は特に毎年のように行われています。このほか、片足バランスやケンケンパーなど、基本的な運動もできるようにしておくとよいでしょう。このような運動の課題を通して学校側が観ているのは、指示をきちんと聞いて、きびきび動いているかということです。また、ふざけずにまじめに取り組んでいるか、途中であきらめずに最後までがんばるか、といった点も評価の対象になっています。待機中の態度も観られますので注意してください。自分の番が終わったからといって、周りの子とおしゃべりをしたり、勝手に立ち歩いたりしてはいけません。お子さまには最後まで集中して取り組むように指導しておきましょう。

【おすすめ問題集】
新運動テスト問題集、Ｊｒ・ウォッチャー28「運動」、29「行動観察」

家庭学習のコツ②　「家庭学習ガイド」はママの味方！

問題演習を始める前に、試験の概要をまとめた「家庭学習ガイド（本書カラーページに掲載）」を読みましょう。「家庭学習ガイド」には、応募者数や試験課目の詳細のほか、学習を進める上で重要な情報が掲載されています。それらの情報で入試の傾向をつかみ、学習の方針を立ててから、対策学習を始めてください。

問題10　分野：保護者面接

〈準 備〉　なし

〈問 題〉　この問題の絵はありません。

〈父親へ〉

・当校を志望した理由は何ですか。
・お父さまとして、お子さまに誇れることは何ですか。
・お子さまが幼稚園でしている遊びを教えてください。
・お子さまがどのような時に、成長したと感じますか。

〈母親へ〉

・お子さまがお友だちとより仲良くできるために心がけていることはありますか。
・お手伝いは何をさせていますか。
・最近、お子さまをほめたこと何ですか。
・お子さまはどのような本が好きですか。その本について教えてください。
・教育方針で大切にされていることは何ですか。

〈時 間〉　5分程度

〈解 答〉　省略

アドバイス

当校では、特にご家庭の教育方針、当校への理解度を重視して観ています。また、保護者面接でまず大切なのは、面接官の目を見て、ゆっくりと大きな声で話すことです。また、事前に調べてきた知識を発表したくなる保護者の方もいらっしゃるかもしれませんが、面接は知識を述べる場でありません。ご家庭で話し合って決めた方針と当校の方針の親和性を、面接官にアピールする時間です。面接官は、回答の内容に加え、その背景も観ています。面接用の回答は、簡単に見破られてしまいますので、今までの教育に自信をもち、堂々とお話をしてください。話す時は、落ち着いてゆっくりと話すことを意識し、回答は長くなりすぎないよう、端的に話すことを心がけるとよいでしょう。

【おすすめ問題集】

新 小学校面接Q＆A、保護者のための入試面接最強マニュアル

家庭学習のコツ③　効果的な学習方法～問題集を通読する

過去問題集を始めるにあたり、いきなり問題に取り組んではいませんか？　それでは本書を有効活用しているとは言えません。まず、保護者の方が、すべてを一通り読み、当校の傾向、ポイント、問題のアドバイスを頭に入れてください。そうすることにより、保護者の方の指導力がアップします。また、日常生活のさまざまなことから、保護者の方自身が「作問」することができるようになっていきます。

2023年度以前の入試問題

問題11　分野：個別テスト（お話の記憶）

〈準 備〉　なし

〈問 題〉　今から読むお話をよく聞いて、次の質問に答えてください。

今日から夏休みです。朝から晴れていたので、たかしくんはお母さんと一緒にデパートへお買い物に行くことになりました。支度をして、いざ出発です。家を出ようとすると、犬のサトルがたかしくんの足元に寄ってきました。「サトルはお留守番だよ。お家で待っていてね」と言うと、サトルは家へ入っていきました。デパートへ向かって歩いていると、ケーキ屋さんが見えました。お母さんは、「荷物になってしまうから、帰りに寄ろうね」と言いました。甘いものが大好きなたかしくんは、手を上げて喜びました。デパートに着くと、最初は洋服売り場に行きました。お母さんは、黒色と水色のワンピースで迷っていましたが、着てみると水色のワンピースが気に入ったので、それを買いました。次に靴売り場に行きました。「たかしの足が大きくなってきたから、新しい靴が必要ね」と言い、たかしくんの好きな水色の靴を買ってくれました。次に、マリンショップに行きました。ここには、浮き輪や水着、ボートなどがたくさん置いてあります。幼稚園のプールで着るたかしくんの水着を探しましたが、ちょうどよいサイズがなかったので、お祭り用のうちわを１つ買ってお店を出ました。荷物が増えて重くなったので、ベンチで少し休憩をしました。次に、お花屋さんに行き、お母さんの好きなピンクのユリを買いました。デパートを出て、最後に約束のケーキ屋さんに寄りました。お母さんの誕生日ケーキとたかしくんの好きなプリン、サトルのためにクッキーを買いました。たかしくんは大喜びで、ケーキが崩れないように、大事に抱えました。家に着いて、お母さんの誕生日パーティーをしました。お父さんと一緒に飾り付けをすると、お母さんはとても喜んでくれました。ご飯の後は、ケーキを食べることにしました。たかしくんが大事に持って帰ってきたおかげで、ケーキは崩れていませんでした。お父さんに褒められて、たかしくんは嬉しい気持ちになりました。サトルも食べようとしたので、代わりに買ってきたクッキーをあげると、しっぽを振って喜びました。たかしくんは、とてもおいしいケーキを食べることができて、素敵な１日になりました。

（問題11－１の絵を見せる）
①お店はどのような順番で行きましたか。絵から選び、指でさして答えてください。
（問題11－２の絵を見せる）
②デパートで買ったものは何ですか。絵から選び、指でさして答えてください。
③お買い物から帰る時、たかしくんが持っていたものは何ですか。絵から選び、指でさして答えてください。

〈時 間〉　各１分

〈解 答〉　①真ん中　②右端（うちわ）　③左から２番目（ケーキ）

［2023年度出題］

学習のポイント

お話の内容はそれほど難しくなく、問題数も少ないですが、お話の記憶は、お話の最後になるにつれ、集中力が低下します。そのため、今回の問題では、特に③の問題の正誤に注目し、お話をしっかりと記憶できているかどうか、確認をしてください。記憶できていないようであれば、お話の記憶の問題を解く前に、「幼稚園で何をしたのか」「誰としたのか」「どう思ったのか」など、今日あった出来事を質問してみましょう。事前に、イメージしてから読み聞かせをすることで、どのように想像したらよいか、その過程が分かり、記憶力の向上につながります。このようなことから、実際に体験した内容に近いほど、記憶に残りやすくなるということが分かると思います。お子さまに、身の回りのさまざまなことを体験させてあげるとよいでしょう。また、答える時は、単に指でさし示すだけでなく、「これです。」と一言添えるようにしましょう。

【おすすめ問題集】

1話5分の読み聞かせお話集①②、 お話の記憶 初級編・中級編、
Ｊｒ・ウォッチャー19「お話の記憶」

問題12 分野：個別テスト（系列）

〈準備〉 絵を点線で切り、点線の下のカードを１枚ずつ切り離して絵のように並べる。

〈問題〉 この問題は絵を参考にして下さい。
「？」に入るカードを取り、置いてください。

〈時間〉 30秒

〈解答〉 （左から）サクランボ、サクランボ、バナナ

［2023年度出題］

学習のポイント

系列の問題では、まず、どのようなお約束で絵が並んでいるか、左右のパターンから推理していき、お約束を見つけ出すことが大切です。それが分かったら、お約束の始めの２つを指で押さえ、お約束に沿って指をずらしていき、並びを目で追いながら確認をしていきます。そうすると、今回の問題のお約束は「ブドウ・サクランボ・サクランボ・バナナ・ブドウ」であり、「？」に入るカードも導き出すことができます。また、本文は、実際のカードを「？」の位置に置く問題です。カードが曲がっていたり、隣のカードに被っていたりすると、減点の対象になります。枠に合わせて丁寧に置くようにしましょう。系列は練習を積むことで思考を鍛えることができます。繰り返し練習をして、さまざまな問題に対応できるようにしましょう。

【おすすめ問題集】

Ｊｒ・ウォッチャー６「系列」

問題13　分野：個別テスト（巧緻性）

〈準 備〉　野球ボール、三角形の大きな紙２枚、のり、ハサミ、おはじきが入った箱、小さな箱３つ、お道具箱

〈問 題〉・**この問題の絵はありません。**
ここにあるものをお道具箱にしまって、蓋を閉めてください。

〈時 間〉　30秒

〈解 答〉　省略

［2023年度出題］

学習のポイント

ただ入れればよいというわけではなく、整理整頓をして、どこに何が入っているのか、上から見て分かるように入れることが大切です。特に野球ボールは転がってしまうので、他のものを先に入れて、転がらないようにボールのスペースをうまく確保するとよいでしょう。また、ハサミの刃先はしっかりと閉じているでしょうか。少しでも開いていると、しまった時に紙を切ってしまう可能性があります。また、お道具箱にしまう問題ということは、次に誰かが開けると想定した時に使いやすい状態かどうかを観られています。刃先が開いていると、誰かが開けた時にケガをしてしまう危険性もあります。ハサミの扱いについては、特に注意して確認してください。

【おすすめ問題集】
　Ｊｒ・ウォッチャー25「生活巧緻性」

問題14　分野：常識

〈準 備〉　なし

〈問 題〉　①絵を見て、よくないことをしている子を指さしてください。
②その子があなたのお友だちだったら、どうしますか。答えてください。

〈時 間〉　適宜

〈解 答〉　省略

［2023年度出題］

家庭学習のコツ①　「先輩ママたちの声」を読みましょう！

本書冒頭の「先輩ママたちの声」には、実際に試験を経験された方の貴重なお話が掲載されています。対策学習への取り組み方だけでなく、試験場の雰囲気や会場での過ごし方、お子さまの健康管理、家庭学習の方法など、さまざまなことがらについてのアドバイスもあります。先輩ママの体験談、アドバイスに学び、ステップアップを図りましょう！

学習のポイント

公園の常識の問題です。常識は、保護者の方が直接指導することが効果的です。つまり、保護者の方の判断や行動が、一番身近な手本となります。なぜこのような行動が必要なのか、しっかりと理由や根拠を説明した上で、行動で示すようにしましょう。また、当校の基本方針の１つに、「自分の目で確かめ、自分の頭で考える自発的、創造的な学習態度を重んじ、自他の生命を尊重し、思いやりのある心と生きる力の育成に努める」という言葉があります。お友だちの行動について意見するのはとても難しいですが、言葉遣いや言い回しを考え、思いやりのある心を忘れずに発言するようにしましょう。

【おすすめ問題集】
Ｊｒ・ウォッチャー56「マナーとルール」

問題15　分野：行動観察（巧緻性）

〈準　備〉　半袖のポロシャツ

〈問　題〉　この問題の絵はありません。
シャツを畳んで、机に置いてください。

〈時　間〉　１分

〈解　答〉　省略

[2023年度出題]

学習のポイント

ポロシャツは生地が硬いため、普段から洗濯物を畳むお手伝いをしているお子さまでも、慣れていないと難しいかもしれません。保護者の方は、綺麗に畳めているか、襟や裾、袖は折れていないか、シワになっていないか、机に置いた時の服の向きは曲がっていないか、机が曲がっていないかなど、細かな箇所の出来栄えも確認するようにしましょう。もし、できていないようであれば、普段のお手伝いでも意識して注目するようにしてください。当校の基本方針に、「日常生活のしつけを重んじた生活指導を充実させ、基本的生活習慣の確立と規範意識の向上に努める」という言葉があります。今のうちに、自分のことは自分でできるようにしておき、習慣化させましょう。

【おすすめ問題集】
Ｊｒ・ウォッチャー25「生活巧緻性」

問題16　分野：個別テスト（巧緻性）

〈準備〉　紐1本、厚紙1枚
厚紙に四角形の穴、丸い穴、三角形の穴をランダムに開ける。

〈問題〉　この問題の絵はありません。
四角形の穴には上から、丸い穴には下から紐を通してください。三角形の穴には、上と下どちらから通してもかまいません。

〈時間〉　1分

〈解答〉　省略

［2023年度出題］

学習のポイント

年齢相応の指先の動きができれば、問題自体はそれほど難しくはありません。しかし、3種類の穴の通し方も異なるため、しっかりと指示を聞き、通し方を間違えないようにしましょう。また、始めに通す穴の位置も重要です。真ん中から通すと、すべての穴を通すことはできません。指示にはありませんでしたが、端から通すことができるか、という点も観られています。指示の後すぐに取り掛かるのではなく、どのように通していったらよいか、全体像を把握する力も求められます。さらに、四角形の穴と丸い穴は、それぞれ同じ形を連続で通すことはできません。練習の際は、身の回りにあるものを使い、実際に手を動かすようにして、紐通しの仕組みを理解できるよう心がけましょう。

【おすすめ問題集】
　Ｊｒ・ウォッチャー25「生活巧緻性」

問題17　分野：運動

〈準備〉　ビニールテープ（床に貼っておく）

〈問題〉　この問題の絵はありません。
1本のテープが縦に貼ってあります。リズムに合わせて、次のように動いてください。
①テープの左側に両足で跳ぶ。
②テープの右側に両足で跳ぶ。
③両足の間にテープが来るように足を前後に広げる。
④前後の足を替える。

〈時間〉　適宜

〈解答〉　省略

［2023年度出題］

学習のポイント

年齢相応の身体能力があれば、特別な対策は不要です。しかし、身体の動きが順番によって明確に決まっているため、最後まで集中して指示を聞き、記憶するようにしましょう。また、途中間違えてしまったとしても、その場で諦めたりせず、一生懸命取り組むことが重要です。出来栄えや完成度よりも、態度を観られていると思って頑張りましょう。リズムに合わせて動くため、タイミングよく動けること、着地は両足でできるとよいでしょう。しっかりと記憶して身体を動かせているか、リズム感はどうか、機敏に行動できているか、以上の観点に注目しながら、お子さまの動きを観察してみてください。

【おすすめ問題集】

Ｊｒ・ウォッチャー28「運動」、新 運動テスト問題集

問題18　分野：運動

〈準 備〉　なし

〈問 題〉　**この問題の絵はありません。**

先生がお手本を見せるので、同じようにやってください。

①両手を広げ、左足をあげる。

②両手と左足を戻す。

③両手を広げ、右足をあげる。

④両手と右足を戻す。

〈時 間〉　適宜

〈解 答〉　省略

［2023年度出題］

学習のポイント

本問では、特に難しい動きの指示はありません。先生のお手本を注意深く見ることが大切です。そして、片足のバランス力が求められます。床についている方の足でしっかりと踏みしめ、両手を大きく広げてまっすぐ前を見るようにすると、バランスがとりやすくなります。苦手なお子さまは、ぜひ試してみてください。また、お手本を見せてくれる先生は、お子さまと向かい合っています。つまり、①で指示されている「左足をあげる」のお手本は、お子さまから見ると、右側の足があがることになります。お子さま自身が、「対面では反対に見える」ということを理解していなければなりません。鏡などを利用し、見え方について理解できるよう、練習しておきましょう。

【おすすめ問題集】

Ｊｒ・ウォッチャー28「運動」、新 運動テスト問題集

問題19　分野：運動

〈準備〉　赤、青、黄のお手玉、カゴ、赤、青、黄のフラフープ、バスケット、黒のテープ
カゴにお手玉を入れる。

〈問題〉　**この問題は絵を参考にして下さい。**
今から玉入れをします。
①カゴから１つお手玉を取り、その色のフラフープに向かって走ってください。
②フラフープに入り、バスケットに向かってお手玉を投げてください。
③歩いて黒のテープを通り、列の後ろに並んでください。
④その時、黒のテープを超えたら、次の人がスタートしてください。

〈時間〉　適宜

〈解答〉　省略

[2023年度出題]

学習のポイント

ボールを投げる時は、腕だけではなく、身体全体を使って投げるようにしましょう。普段の公園などでのボール遊びなどを取り入れ、身体で覚えていくと身に付きやすいと思います。また、無作為に取ったお手玉の色を見て、どこに向かえばよいか瞬時に判断する力が求められます。次の人がスタートするタイミングは始めの指示の中にあり、一人ひとり教えてくれるわけではありません。指示を集中して聞くこと、そして、間違えたり、ボールを途中で落としてしまったりしても、諦めないで最後までやり抜くことも重要です。また、ボール投げの問題では、「目標に向かって投げる」以外にも、「できるだけ遠くに投げる」「上に高く投げる」「投げたボールを受け止める」といった内容の出題もあります。練習の際に、さまざまなボールの投げ方を身に付けておきましょう。

【おすすめ問題集】
Ｊｒ・ウォッチャー28「運動」、新 運動テスト問題集

家庭学習のコツ②　「家庭学習ガイド」はママの味方！

問題演習を始める前に、試験の概要をまとめた「家庭学習ガイド（本書カラーページに掲載）」を読みましょう。「家庭学習ガイド」には、応募者数や試験課目の詳細のほか、学習を進める上で重要な情報が掲載されています。それらの情報で入試の傾向をつかみ、学習の方針を立ててから、対策学習を始めてください。

問題20　分野：個別テスト（お話の記憶）

〈準 備〉　なし

〈問 題〉　お話をよく聞いて、後の質問に答えてください。

ここは、動物たちのお家です。みんなで一緒に住んでいます。ある日、みんなで家のお掃除をすることになりました。ウサギくんが、ほうきとちりとりを持って「お庭の掃除をしてくるね」と言い、ゾウさんは、スポンジを持って「お風呂は僕に任せて」と言い、ウシさんは、雑巾を持って「窓を拭いてくるよ」と言いました。ブタさんは、「みんなお掃除ありがとう。わたしはみんなの分のお昼ごはんを作るわ」と言って、買い出しのためにスーパーへ行きました。そこで、ゾウさんが「あ、台所も掃除しなくちゃね」と言いました。

（問題20の絵を渡す）
①窓を拭いたのはどの動物ですか。絵から選び、指をさして答えてください。
②ゾウさんが使ったものはどれですか。絵から選び、指をさして答えてください。
③ブタさんはどうしてスーパーへ行ったのですか。答えてください。
④台所の掃除はまだ誰もしていません。もしあなたがそこにいたら、どうしますか。答えてください。

〈時 間〉　30秒

〈解 答〉　①右から２番目（ウシ）　②右から２番目（スポンジ）
③お昼ごはんの買い出しに行くため　④省略

［2022年度出題］

学習のポイント

お話自体は短いですが、登場人物が多く、それぞれ行く場所と持ち物も異なるため、集中して聞いていないと混乱してしまうでしょう。掃除は、場所によって使う道具が異なります。お子さまに掃除の経験があれば、ここを掃除するにはどの道具が必要なのか、というつながりを経験と結び付けられるため、記憶に残りやすいでしょう。さまざまな場所に連れて行って体験の機会を増やすだけではなく、家の中でもできることはたくさんあります。多種多様な体験を積むことができる環境をつくり、体験させた後は、どう思ったか、印象に残っていることなどを質問したり、保護者の方も一緒に絵を描いてみたりすると、記憶力が向上するでしょう。また、問題を考えている様子や答えている様子を観察すると、しっかりと記憶できているかを確認でき、お子さまの記憶の特徴も把握することができるでしょう。

【おすすめ問題集】
　１分５話の読み聞かせお話集①②、お話の記憶　初級編・中級編、
　Ｊｒ・ウォッチャー19「お話の記憶」

問題21　分野：個別テスト（制作）

〈準備〉　①紙皿、紙コップ、スティックのり、液体のり、ハサミ、折り紙、手芸用の目玉
②ビーズ、モール、ボタン、つづりひも
トレー２つ
①と②をそれぞれトレーに入れ、①が入ったトレーを左側、②が入ったトレーを右側に置く。

〈問題〉　①この作品を作るのに使ったと思うものを指でさしてください。
②この作品をもっとおしゃれに可愛くしてあげるには、どのようなものを使ったらよいですか。なぜそれを使うとおしゃれになるのですか。

〈時間〉　適宜

〈解答〉　省略

［2022年度出題］

学習のポイント

普段の遊びに、ものづくりの機会を取り入れ、さまざまな素材に触れておくとよいでしょう。素材を初めて使う場合は、その特徴や使い方なども一緒に教えてあげてください。その後、実際に素材に触れることで、ものづくりへの理解が深まり、自分が作っていない作品でも、作った過程を想像できるようになります。また、②の問題に正解はありませんが、選んだ理由も問われています。答えたものに自信を持って、理由までしっかりと説明できるとよいでしょう。普段の遊びにも、なぜそれを選んだのか、など問いかけを入れてみてください。入試で自然と説明できるようになるために、そのような状況に慣れておくことをおすすめいたします。

【おすすめ問題集】
Ｊｒ・ウォッチャー23「切る・貼る・塗る」、実践 ゆびさきトレーニング①②③

問題22　分野：個別テスト（四方からの観察）

〈準備〉　なし

〈問題〉　上の絵を見てください。この絵を上から見ると、どのように見えますか。下の絵から選び、指をさして答えてください。

〈時間〉　適宜

〈解答〉　左端

［2022年度出題］

学習のポイント

公園を上から見た時の見え方を問う問題です。この問題を解くには、四方からの物の見え方をしっかりと理解できている必要があります。練習の際は、家にあるものを積み上げたり、組み合わせたりして立体をつくり、それをさまざまな角度から観察し、見え方を理解するようにしてください。まずは単純な形から取り組み、慣れてきたら複雑な形にも挑戦してみるなど、段階を踏んで力を磨いていくとよいでしょう。正面から見た時に、それぞれの物の位置関係や角度、大きさをどれだけ把握できるかも大切なポイントです。実際に公園に行き、初めに正面から遊具を見て、どれが一番遠くにあるか、どれが一番大きいかなど、保護者の方から質問してみてください。お子さまが答えた後、見に行って答え合わせをすると、実際に見て学ぶことができ、理解力の向上につながります。

【おすすめ問題集】

Ｊｒ・ウォッチャー10「四方からの観察」

問題23　分野：個別テスト（見る記憶）

〈準 備〉　クーピーペン

〈問 題〉　23-１の絵を30秒見せ、23-２の絵を渡す。
①魔女がいたところに○を描いてください。
②王子様がいたところに△を描いてください。

〈時 間〉　20秒

〈解 答〉　○：一番下の段の右側　△：上から２段目の左側

［2022年度出題］

学習のポイント

見る記憶の問題です。絵を注意深く観察し記憶する力と、目に入った情報をきちんと説明する力が必要になります。端から順番に、見落とすことのないよう細部まで観察することが大切です。練習の際、はじめのうちは時間を十分に与え、覚えやすいものから少しずつ記憶するようにしていきます。徐々に慣れていき、完全に絵を記憶することができるようになったら、時間を決めて解いてみましょう。また、集中力が大きく影響するため、周りに気を散らすものを置かないなど、学習環境にも配慮することが必要です。本問では、問題によって解答記号も異なります。指示をしっかりと聞くようにしましょう。

【おすすめ問題集】

Ｊｒ・ウォッチャー20「見る記憶・聴く記憶」

問題24　分野：個別テスト（巧緻性）

〈準 備〉 ハサミ

〈問 題〉 太い線に沿って、りんごの形にハサミで切ってください。

〈時 間〉 30秒

〈解 答〉 省略

［2022年度出題］

学習のポイント

ハサミで形を切る問題です。出来栄えも大切ですが、備品の扱いにも注意が必要です。ハサミの刃先を人に向けたりするなど、使い方次第ではその時点で不合格になる場合もありますので気を付けてください。ハサミが苦手なお子さまで、刃の先端を使っている場合は、厚紙で練習することをおすすめいたします。厚紙は先端で切ることが難しいため、自然と上手にハサミを使って切ることができるようになります。また、切った後に残った紙は、どのように扱ったでしょうか。ゴミの片付けは指示されていませんが、切ったゴミは丸めて捨てるようにしてください。普段から習慣にしておけば特に問題はありません。普段の工作で、さまざまな形に触れ、練習を積んでおくとよいでしょう。

【おすすめ問題集】

Ｊｒ・ウォッチャー23「切る・貼る・塗る」、25「生活巧緻性」
実践 ゆびさきトレーニング①②③

問題25　分野：個別テスト（巧緻性）

〈準 備〉 積み木20個、紐３本

〈問 題〉 絵と同じように積み木を積み、紐で結んでください。

〈時 間〉 ２分

〈解 答〉 省略

［2022年度出題］

家庭学習のコツ③　効果的な学習方法～問題集を通読する

過去問題集を始めるにあたり、いきなり問題に取り組んではいませんか？　それでは本書を有効活用しているとは言えません。まず、保護者の方が、すべてを一通り読み、当校の傾向、ポイント、問題のアドバイスを頭に入れてください。そうすることにより、保護者の方の指導力がアップします。また、日常生活のさまざまなことから、保護者の方自身が「作問」することができるようになっていきます。

学習のポイント

まず、絵を見てどの形の積み木がいくつ必要なのか、判断できなければなりません。角度によっては、積み木が見えない場合もあるため、数える時はそれも考慮する必要があります。日頃から積み木を積み、特徴を捉え、さまざまな角度から観察しておくと、角度によっての見え方の違いが分かるようになります。普段の遊びに取り入れ、お子さまの理解が深まるように促しましょう。また、始めに積み木を積んでしまうと、紐をかけられないものもあります。絵を見て、結び目のリボンが上にくるようにするには、どこから、どのように紐をかけ、どのような手順で完成させたらよいか、判断する力も必要になります。また、紐をかける位置によって、リボン結びの位置も変わってきます。絵と同じ位置に持ってこられるよう、考えて紐をかけましょう。リボン結びが苦手なお子さまは、練習としてではなく、普段の生活に結ぶ機会を取り入れてみてください。苦手なことに挑戦するのは、なかなかモチベーションの維持が難しいと思いますので、挑戦している途中でアドバイスをしたり、失敗した時に叱ったりせず、終わった後によかった点を見つけて褒めてあげるようにしましょう。

【おすすめ問題集】
　Ｊｒ・ウォッチャー53「四方からの観察～積み木編～」

問題26　分野：運動

〈準備〉　うちわ、お手玉、フラフープ３つ、テープ、カゴ、バスケット
フラフープを縦に並べ、テープから一番遠いフラフープの奥にバスケットを置く。
カゴにお手玉を入れる。

〈問題〉　この問題は絵を参考にして下さい。
①うちわを持ち、テープの右にあるカゴからお手玉を２つ取ってうちわに乗せて、落とさないように走ってください。
②一番手前のフラフープに入り、１回転してください。
③次のフラフープに入り、両足で３回ジャンプしてください。
④一番遠いフラフープに入り、手で触らずに奥のバスケットにお手玉を入れてください。
⑤列まで歩いて戻ってください。

〈時間〉　適宜

〈解答〉　省略

［2022年度出題］

学習のポイント

３つのフラフープでそれぞれ動作が異なります。始めの指示をよく聞き、どこで何をするのか、しっかりと記憶しましょう。また、２つ目のフラフープで行った、ジャンプの時の足は、両足でできていたでしょうか。うちわからお手玉を落とさないようにしなければならないため、手ばかりに集中してしまうかもしれませんが、他の動作を疎かにしないよう気をつけましょう。途中でお手玉を落としてしまっても、その場で拾ってすぐに再開してください。投げ出したりせず、最後まで諦めず、ねばり強く取り組むことが大切です。入試では、そのような課題に対する姿勢を観ています。日頃から運動していると、体力がつき、ストレス発散にもなります。簡単な動作で少しの時間でもよいので、毎日身体を動かしましょう。

【おすすめ問題集】

Ｊｒ・ウォッチャー28「運動」、新 運動テスト問題集

問題27　分野：運動

〈準 備〉　フラフープ

〈問 題〉　この問題の絵はありません。

①フラフープに入り、先生と１回目のじゃんけんをする。

②先生がグーを出した時は両腕を胸の前でクロスにする。チョキを出した時は足を前後に広げて、両手を挙げる。パーを出した時は両手と両足を横に広げる。

③先生と２回目のじゃんけんをする。

④先生に負けるように、②のポーズをする。

〈時 間〉　適宜

〈解 答〉　省略

［2022年度出題］

学習のポイント

動作自体は難しいものではありません。うまくできているかということよりも、すぐに対応できるか、機敏に身体を動かせているか、などを観ています。また、集中して取り組むことも大切です。指示を聞いている間にお友だちと話していたり、姿勢が悪かったり、キョロキョロしていたりしては、「話を聞けない子」という評価をされる可能性があります。練習の段階から、取り組む姿勢を観察し、保護者の方からお子さまにアドバイスをするとよいでしょう。また、練習の際、なかなかうまくできなかったとしても、できないことに対して怒ったりせず、前向きな言葉をかけてあげるようにしましょう。そうすることで、だんだんとお子さま自身でモチベーションを維持できるようになります。

【おすすめ問題集】

Ｊｒ・ウォッチャー28「運動」、新 運動テスト問題集

問題28　分野：運動

〈準　備〉　矢印付きフラフープ
矢印が外側を向くように円状に置く。

〈問　題〉　この問題の絵はありません。
①音楽に合わせてフラフープの周りをスキップしてください。
②笛が鳴ったら、フラフープの中に入って、矢印の方を向く。
③笛の数によって決まっているお約束の通り動いてください。
１回：両手を横に広げて、右足を上げる。
２回：しゃがんで両手のひらを前にして頭につける。
３回：両手を横に広げて、左足を上げる。

〈時　間〉　適宜

〈解　答〉　省略

［2022年度出題］

学習のポイント

課題の運動では、笛の指示で動くという課題が出題されました。笛の数によって動作が決まっていますので、指示を聞き漏らさないように集中して聞いてください。「指示の理解」は、入試において大切なポイントになります。指示内容を理解し、行動に移せるかを観ているため、練習の際、保護者の方は特に意識して観察してください。また、一度間違えてしまうと、焦ってしまい頭が真っ白になってしまうお子さまもいると思いますが、落ち着いて最後まで取り組むことが重要です。動作のミスは大きな減点にはなりませんので、意欲的な姿勢を見せるようにしましょう。また、待っている間の行動にも注意が必要です。お友だちの順番の時に話したり、勝手に指示されていない行動をしたりすると、減点の対象になります。保護者の方は、「先生の言うことをよく聞いて、一生懸命やりましょう」とアドバイスをし、お子さまの自主性を促してあげるとよいでしょう。

【おすすめ問題集】
Ｊｒ・ウォッチャー28「運動」、新 運動テスト問題集

問題29　分野：保護者面接

〈準備〉　なし

〈問題〉　**この問題の絵はありません。**

〈父親へ〉
・当校を志望した理由は何ですか。
・お父さまとして、お子さまに誇れることは何ですか。
・休日はお子さまとどのように過ごされていますか。
・当校の説明会には参加されましたか。

〈母親へ〉
・本校に入学後、どのようなことに期待していますか。
・お子さまがお友だちとより仲良くできるために心がけていることはありますか。
・お手伝いは何をさせていますか。
・ご家庭の教育方針で大切にされていることは何ですか。

〈時間〉　適宜

〈解答〉　省略

［2022年度出題］

学習のポイント

内容は基本的なことが多く、父親と母親交互に質問されます。面接の対策としては、日頃から保護者間で話し合いをして、子育てについての考えをしっかりとまとめておくことです。面接では、回答した内容に加え、話している時の雰囲気や言葉の背景も観ています。そのため、面接用に表面的な回答を考えるのではなく、実際の様子を回答につなげることが大切です。また、学校が発信している情報に対して、しっかりと理解できている必要があります。調べられる情報は調べておき、知識として入れておきましょう。面接では、完璧に答えようとする必要はありません。普段のご家庭の様子を自信を持ってハキハキと話すようにしましょう。途中で詰まってしまっても、減点になることはありませんから、落ち着いて臨むことを心がけてください。

【おすすめ問題集】
新 小学校面接Ｑ＆Ａ、保護者のための入試面接最強マニュアル

問題30　分野：個別テスト（巧緻性）

〈準備〉　ひも（60cmと30cm各１本）、ストロー（３本）、ハサミ
※問題30の絵を参考にして、３本のひもを用意しておく。

〈問題〉　**この問題は絵を参考にしてください。**
①（用意したひもを見せ、60cmのひもとハサミを渡して）絵と同じようにひもを切ってください。
②（ストロー３本と30cmのひもを渡して）３本のストローをまとめてしぼりちょう結びにしてください。

〈時間〉　①１分　②30秒

〈解答〉　省略

［2021年度出題］

学習のポイント

当校ではこの問題のような巧緻性の課題が例年出題されています。特に対策が必要という課題ではありませんが、お子さまが苦手としているようなら、ひも結びやひもとおし、箸の使い方などを練習しておいてください。保護者の方と一緒に練習すると、お子さまも意欲的に取り組むようになるでしょう。また、どの問題でも必要なことですが、「まずは指示を聞く」ということが大切です。特に、こうした課題では意識してください。指示を聞いていないという印象を与えると台無しになります。手先の正確さや作業の速さなどは年齢相応の器用さがあれば充分です。

【おすすめ問題集】
Ｊｒ・ウォッチャー25「生活巧緻性」、実践 ゆびさきトレーニング①②③

問題31　分野：運動（模倣体操、ケンケン）

〈準備〉　カラーコーン４本、ビニールテープ
カラーコーン４本を四角になるように置く。ビニールテープを床に貼る。

〈問題〉　**この問題の絵はありません。**
①笛が１回鳴ったら行進してください。笛が２回鳴ったら、右手と右足、左手と左足を同時に動かして歩きましょう。
※説明といっしょに先生がお手本を見せる。その場で練習した後、配置されたコーンの周りを歩く。
②ポップコーンが入ったカゴを頭の上に乗せたつもりで、しゃがんだり立ったりしてください。先生といっしょにやってみましょう。
※説明といっしょに先生がお手本を見せる。２～４回繰り返す。
③笛が鳴ったら、線を踏まないようにケンケンをしてください。もう一度笛が鳴るまでがんばりましょう。
※線をまたぐように、左右にジャンプする。左右両足で行う。各10秒間。

〈時間〉　適宜

〈解答〉　省略

［2021年度出題］

学習のポイント

2021年度の試験は、新型コロナウイルス感染症拡大防止対策もあり、グループの人数が少なくなったり、人と人の距離をとったりと細部は変わっていたようですが、例年、同じような内容で行われている運動課題です。内容はそれほど難しくはありませんが、指示の理解と実行が重要なのは同じです。運動能力を測ることが目的ではなく、集団行動できるかがチェックされるものですから、うまくできたかどうかはそれほど気にすることはありません。ただし、③（笛が鳴ったら線を踏まないようにケンケンしてください）はやってみるとわかりますが、結構ハードな運動です。最後まで諦めずに取り組みましょう。

【おすすめ問題集】

Ｊｒ・ウォッチャー28「運動」、新 運動テスト問題集

問題32　分野：行動観察（集団ゲーム）

〈準 備〉 体操マット、フープ（赤１つ、白３つ）、カゴ、お手玉（12個）
※あらかじめ問題32の絵のようにフープとカゴを設置しておく。

〈問 題〉 この問題は絵を参考にしてください。
（４人ほどのグループで行う。）
１人ずつ、白いフープの中に並んでください。赤いフープに入ったら、そこからカゴにお手玉を投げて入れてください。投げ終わったら、列の後ろの白いフープに入ってください。お手玉をすべて投げたら、３つ並んでいるフープに横に並んで座ってください。

〈時 間〉 適宜

〈解 答〉 省略

[2021年度出題]

学習のポイント

2020年度とほぼ同じ課題ですが、人との直接の接触が少なくなっています。意識する点は運動の課題と同じで、指示を聞くこと、協調性、積極性といったところです。お子さまには「よく話を聞いて、元気よく」といったアドバイスをしておきましょう。試験する側は無意識にでも「入学してから指導できる、しやすいお子さま」を選ぶものなので、積極的にとは言っても、余計な発言や指示から外れた行動は嫌われます。たとえそれが、良かれと思ったことでも、受験ではできるだけ避けるべきです。そうした行動をしてしまう傾向のあるお子さまには「指示されていないことはしない」ぐらいの強い注意をしておいた方がよいかもしれません。

【おすすめ問題集】

Ｊｒ・ウォッチャー29「行動観察」

問題33　分野：個別テスト（お話の記憶）

〈準備〉　問題33の絵を枠線に沿って切り離し、カードにしておく。

〈問題〉　今日は、ウサギさんの家で誕生日パーティーがあります。ウサギさんはお家で料理をして、ゾウくんとリスさんはお部屋の飾り付けをしています。タヌキくんはウサギさんに「牛乳とニンジンとケーキを買ってきて」と頼まれたのでスーパーへ行きました。牛乳とニンジンを買って店の外に出ると、クマくんと会いました。「今日はウサギさんのお誕生日だよね」と聞かれたので「そうだよ。クマくんもおいでよ」と答えました。タヌキくんがそのままウサギさんの家に戻ると、ウサギさんに「ケーキはどうしたの？」と聞かれました。タヌキんくんはクマくんと話をして、ケーキのことをすっかり忘れていました。

（カードを志願者の前に置く）
①お部屋の飾り付けをしていたのは誰でしょうか。カードを指さしてください。
②タヌキくんが買ったのは何ですか。カードを指さしてください。

〈時間〉　１分

〈解答〉　①ゾウ・リス　②牛乳・ニンジン

［2021年度出題］

学習のポイント

短いお話なので、内容を記憶するだけなら特に問題はないでしょう。２つの問題ともに複数回答ですが、他校のお話の記憶問題に比べれば取り組みやすい課題です。それでも覚えられないというお子さまは、こうしたお話をたくさん読み聞かせるだけなく、聞き終わった後に「どんなお話だったか」を聞いてみてください。あらすじを説明するには「誰が」「何を」「どのように」といった情報が必要になるので、自然とそのようなことに注意してお話を聞くようになります。なお、過去には指さすのではなく、口頭で答えるパターンも出題されています。両方に対応できるようにしておきましょう。

【おすすめ問題集】
新口頭試問・個別テスト問題集、１話５分の読み聞かせお話集①・②、
お話の記憶 初級編・中級編、Ｊｒ・ウォッチャー19「お話の記憶」

問題34　分野：個別テスト（推理）

〈準備〉　なし

〈問題〉　（問題34の絵を渡して）左の四角に描いてある観覧車が矢印の方向に回ります。右の四角のようになった時、イチゴとサクランボのところにはどの記号が描いてありますか。下の四角から選んで指をさしてください。

〈時間〉　適宜

〈解答〉　サクランボ：☆　イチゴ：△

［2021年度出題］

学習のポイント

観覧車の問題ですが、並び方がパターン（繰り返し）になっているというわけではないので、系列の問題ではありません。考え方としては左の観覧車に１つしかない記号（■）に注目して、そこから右にいくつ、左にいくつの記号と同じものが入るはず……、と推測してください。あまり難しく考える必要はありません。なお、観覧車が左回転でも右回転でも解答に影響しません。また、解答する際は、ただ指をさすだけではなく、「これです」と発言するようにしましょう。自信を持って、大きな声で発言することができるように、心がけてください。

【おすすめ問題集】
新口頭試問・個別テスト問題集、Ｊｒ・ウォッチャー50「観覧車」

問題35　分野：個別テスト（お話作り）

〈準　備〉　あらかじめ、問題35のカードを線に沿って切り離しておく。

〈問　題〉　８枚の絵から３枚の絵を使って、お話を作ってください。

〈時　間〉　５分

〈解　答〉　省略

［2021年度出題］

学習のポイント

当校では久しぶりの出題となったお話作りの課題です。作るお話はどんな話でも構わないのですが、選んだカードに描いてあるものをすべて組み込むこと、時間内に話せるようにあまり複雑な話にしないことがポイントとなるでしょう。ストーリーのおもしろさよりは、矛盾がないように気を付けた方が回答しやすいかもしれません。おもしろくしようとして、想像力たくましくお話を考えてしまうと、たいてい意味不明のお話になってしまいます。この課題では、語彙を含めた言語能力とコミュニケーション能力が重要です。また、回答の内容だけではなく、回答している時の態度、姿勢、言葉遣いなども観点となります。つまり、お子さまが自信を持って発言することが大切です。対策として、毎日、幼稚園や保育園での出来事を話す時間を作るとよいでしょう。

【おすすめ問題集】
新口頭試問・個別テスト問題集、Ｊｒ・ウォッチャー21「お話作り」

問題36　分野：保護者面接

〈準備〉　なし

〈問題〉　**この問題の絵はありません。**

〈父親へ〉
・本校にどのような教育を求めていますか。
・お子さまに誇れることは何ですか。
・最近どのようなことでお子さまを褒めましたか。
・お子さまとどんな約束事がありますか。
・お子さまの成長を感じるところはどこですか。
・お子さまにどんな学校生活を送ってほしいですか。
・お子さまが興味関心をもっていることをどのように伸ばしていきたいとお考えですか。
・父親の役割とはどのようなものだとお考えですか。
・子育てで大切にされていることは何ですか。
・子育てをして、学んだことや見方が変わったことはありますか。

〈母親へ〉
・お子さまがお友だちとよい関係を築くために何かされていますか。
・お子さまのお友だちとの関わりはいかがですか。
・お子さまと約束していることは何ですか。
・最近どんなことでお子さまを褒めましたか。
・本校でどのように過ごしてほしいとお考えですか。
・躾で気を付けていることは何ですか。
・子育てをしていてうれしいと感じるのはどんな時ですか。
・お子さまが生まれ、子育てをしていて価値観が変わりましたか。
・学生時代・社会人での経験を通して学んだことで、お子さまに伝えたいことは何ですか。

※父親・母親ともに上記から、２～３問が質問された。

〈時間〉　５～７分程度

〈解答〉　省略

[2021年度出題]

学習のポイント

当校の面接は両親揃っての保護者面接です。事情があればどちらか１人でもよいようですが、ほとんどの家庭は両親揃って面接を受けるようです。質問の内容は家庭の教育方針、お子さまの得意科目、好き嫌いなどです。お子さまに関する質問に加えて、保護者の方に「学生時代に学んでいたことで現在役立っていることは何か」といった質問もあります。伝統校だけにお子さまだけなく、家庭環境も評価されると考えておいた方が無難でしょう。また、回答は端的にまとめ、ゆっくりと大きな声で話すよう心がけてください。練習の際に動画を撮り、自分が話している様子を客観的に見ると、想像と違った印象を受けることもあります。一度試してみるとよいでしょう。

【おすすめ図書】
新・小学校面接Ｑ＆Ａ、入試面接最強マニュアル

問題37　分野：個別テスト（巧緻性）

〈準 備〉　ひも（60cm程度）、ビーズ（1.5cm程度の大きさ。赤・青・黄色を各５個程度）

〈問 題〉　**この問題の絵はありません。**
（トレイの上に、ひもとビーズ（２～５個）が乗った紙皿を置いておく）
①隣の色と同じにならないように、ビーズにひもを通してください。１つ目は赤（青・黄色）のビーズを通しましょう。
②（ビーズを通した）ひもの先をちょう結びにしてください。終わったらトレーに戻してください。「やめ」と言われたら、途中でもトレーに戻しましょう。
※試験日によって、用意されているビーズの数や、１つ目に通すビーズの色が異なる。また、モニターで説明がある日と、完成見本のみの日がある（月齢を考慮した試験形式と考えられる）。

〈時 間〉　①20秒　②15秒

〈解 答〉　省略

［2020年度出題］

学習のポイント

決して難しい課題ではありませんが、ビーズが小さめなので、少し細かな作業が必要となります。また、１つ目の色が指定されたり、隣の色と同じにならないようにビーズを通すなど、指示も複数あります。「ひも通しの課題だ！」とわかったからといって、すぐに始めるのではなく、まずは問題を「聞く」ことを最優先に考えてください。解答時間は長くはありませんが、慌てて行わなければできないほどではありません。手順を考えながら確実に進めるようにしていきましょう。ちなみに、試験で使われたひもは、マクラメ糸（ひも）と呼ばれる、少し太めの凧糸のようなものだったそうです。気になる方は調べてみてください。

【おすすめ問題集】
実践 ゆびさきトレーニング①・②・③、Ｊｒ・ウォッチャー25「生活巧緻性」

問題38　分野：行動観察（集団ゲーム）

〈準備〉　ビニールテープ、体操マット、凹凸のあるマットレス（50cm四方程度）、六角形のブロック２個、円形のブロック１個

〈問題〉　**この問題は絵を参考にしてください。**
（３～４人のグループで行う。ブロックは重ねてあるだけで固定されていない）
グループでブロックを運んでください。赤い線がスタートです。ブロックが乗っているマットレスを持って、コーンを回って戻ってきてください。戻ってきたら、マットレスとブロックは元のところに戻して、体育座りをして待っていてください。お約束があります。運んでいる時にブロックに触ってはいけません。ブロックが崩れてしまったり、落としてしまったりした時は、マットレスを床に置いて、元通りに積み直してください。
※２回行う。１回目が終わった後、「もっと上手に運ぶためにはどうしたらよいか相談しましょう」という声かけがあり、相談時間が設けられている。

〈時間〉　適宜

〈解答〉　省略

[2020年度出題]

学習のポイント

集団での行動観察に求められるものは、協調性と積極性です。本問のような競技性のある課題の場合、お子さまは速くやろうとしたり、勝ち負けにこだわりすぎてしまったりすることがあります。こういった課題では、何をするべきなのかということをしっかりとお子さまに伝えてから試験に送り出すようにしてください。また、仮に失敗してしまったら、その後の対応も観られていると考えてください。そんな時にも、ほかの人を思いやる行動をとることができれば言うことはありません。「もっと上手に運ぶために～」という声かけがあることからも、はじめて会うお友だちとコミュニケーションがとれるかどうかは、重要な観点になっているでしょう。実際に行う課題（ゲーム）は、あくまでもどんな行動や態度をするのかを観るためのものです。どんな課題が行われたかではなく、何が観られているのかを重視してください。

【おすすめ問題集】
Ｊｒ・ウォッチャー29「行動観察」

問題39　分野：個別テスト（言語、常識）

〈準 備〉　問題39の絵を枠線と点線に沿って切り離し、カードにしておく。

〈問 題〉　①（虫カゴが置いてある）
　お家の人に、これ（虫カゴ）がどんなものなのかお話してください。
②（カードを志願者の前に置く）
　この中（虫カゴ）に入れるものを２つ選んで、カードを指さしてください。

〈時 間〉　各20秒

〈解 答〉　①省略　②カブトムシ、カマキリ

［2020年度出題］

学習のポイント

虫カゴが置いてありますが、「これ」と呼ばれるだけで、「虫カゴ」という言葉は出てきません。虫カゴという言葉を知っていたとしても、見たことがなければ、どんなものか説明することはできないでしょう。問われているのは、虫カゴという言葉の「知識」ではなく、実際に見たことや使ったことがあるという「体験」です。受験というと、どうしても知識を詰め込むことに偏りがちですが、小学校受験においては、生活体験が重視されます。こうした独特な出題方法には、学校からのメッセージが込められていることが多いようです。どういうねらいがあるのかを、保護者の方がしっかりと考えながら、学習に取り組んでいくようにしてください。

【おすすめ問題集】
新口頭試問・個別テスト問題集、新ノンペーパーテスト問題集、
Ｊｒ・ウォッチャー27「理科」、55「理科②」

問題40　分野：個別テスト（図形）

〈準備〉　なし

〈問題〉　（問題40－１の絵を渡す）
虫カゴを写真に撮ってパズルにします。
（問題40－２の絵を渡す）
この中で使わないパーツはどれでしょうか。指さしてください。
※パズルは固定されていて動かすことはできない。

〈時間〉　適宜

〈解答〉　左端

［2020年度出題］

学習のポイント

最近の小学校入試では、絵ではなく写真を使った出題が増えてきています。本問も、実際の試験では、実物（虫カゴ）を見て、それを撮った写真のパズルを解く問題でした。多くの問題集は、写真ではなく絵で描かれたものなので、試験でいきなり写真を使った出題があると、戸惑ってしまうかもしれません。シンプルな線で描かれた絵とカラー写真では、同じものを表していても印象が全く違うことがあります。過去問などを参考にして、写真を使った出題がある学校を受験する場合には、図鑑やインターネットなどを通じて、リアルな画像に慣れておく必要があります。理想を言えば、写真ではなく本物を見たり、体験したりするのがよいのですが、すべてを実際に見るということは難しいので、さまざまなメディアを活用して、学習に役立てていきましょう。

【おすすめ問題集】
Ｊｒ・ウォッチャー３「パズル」、54「図形の構成」

問題41　分野：個別テスト（生活巧緻性、口頭試問）

〈準備〉　①ハンカチ、②スプーン（大小各２本）、ナイフ（２本）、箱

〈問題〉　この問題の絵はありません。

①お母さんのお手伝いをしましょう。ハンカチをたたんでください。
（たたんだ後に）このハンカチは何に使いますか。

※たたみ方の指示やお手本はなし。たたんだ後の質問がないこともある。

②お母さんのお手伝いをしましょう。ここにあるもの（準備②のスプーン、ナイフが無造作に置いてある）を箱の中に片付けてください。
（片付けた後に）これを使って何をしますか。片付けた後はどんな気持ちですか。

※片付けた後の質問がない場合や、さらに追加の質問があることがある。

※試験日によって①と②のどちらかが行われる（月齢を考慮した試験形式と考えられる）。

〈時間〉　適宜

〈解答〉　省略

［2020年度出題］

学習のポイント

どのようにたたむのか、どのように片付けるのかという具体的な指示はありません。「こうしなさい」という指示行動ではなく、ふだんの行動を観るための課題と言えるでしょう。つまり、試験のためではなく、日常的にお手伝いをしているのかどうかが観られているのです。もしきちんとたためたとしても、一つひとつ手順を考えながらやっているようでは、あまりよい評価とは言えないでしょう。そうした行動からは、慣れていないことがわかってしまいます。当校のようなペーパーテストを行わない学校は、生活体験をより重視していると考えられます。日常生活の中で、年齢なりの体験や経験を積むことが、１番の対策学習になると言えるでしょう。

【おすすめ問題集】

新口頭試問・個別テスト問題集、新ノンペーパーテスト問題集

Ｊｒ・ウォッチャー25「生活巧緻性」

問題 1

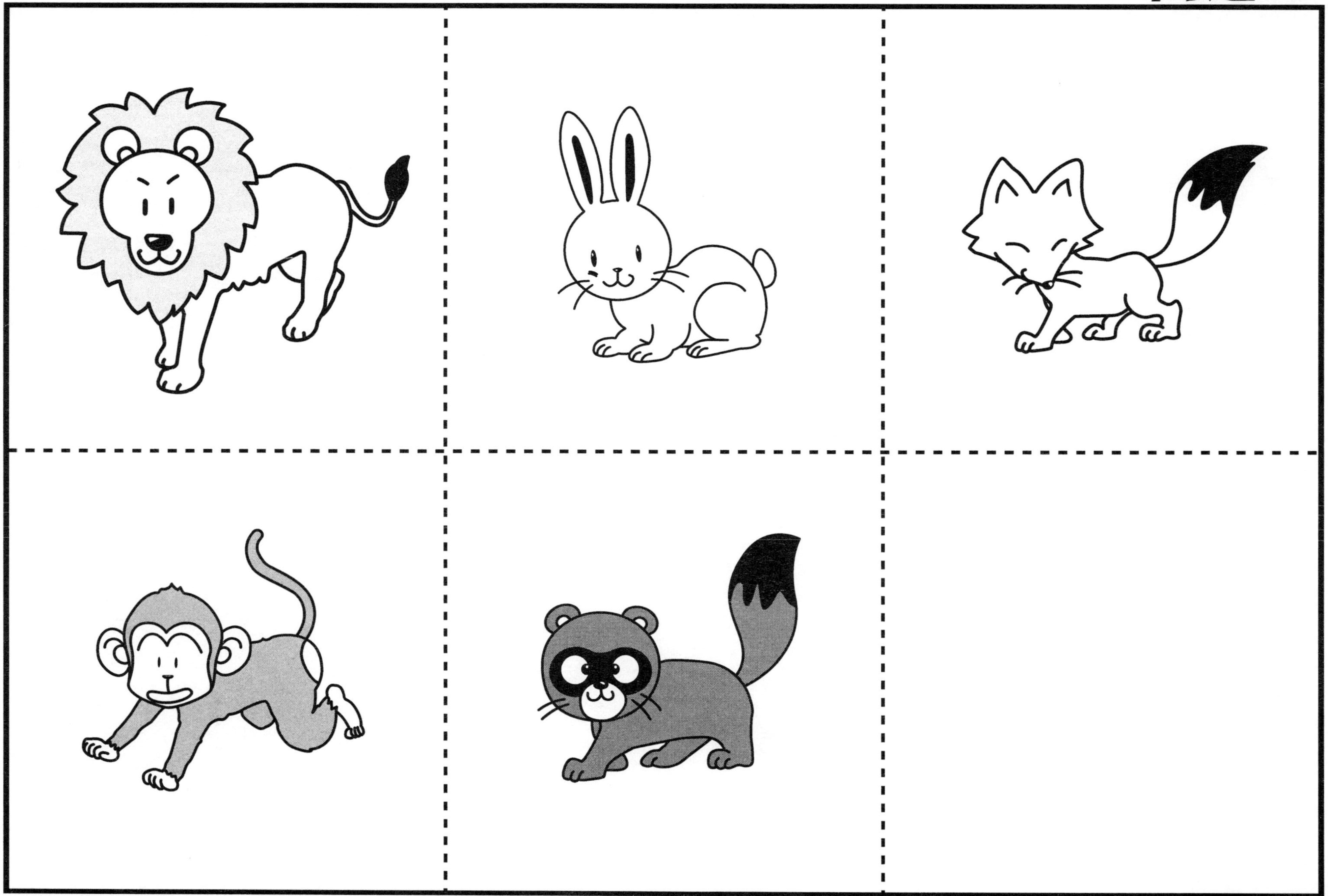

問題2

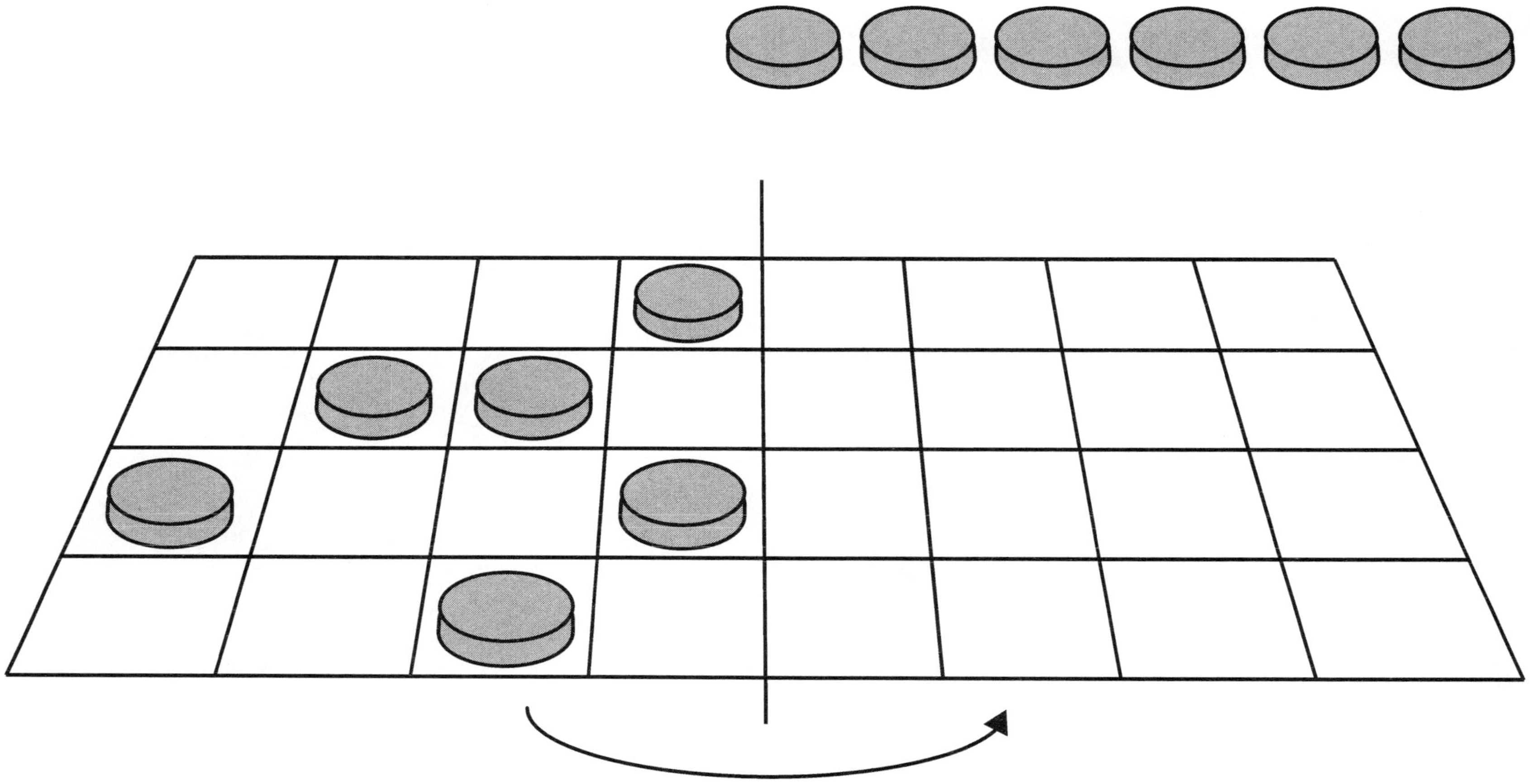

問題3

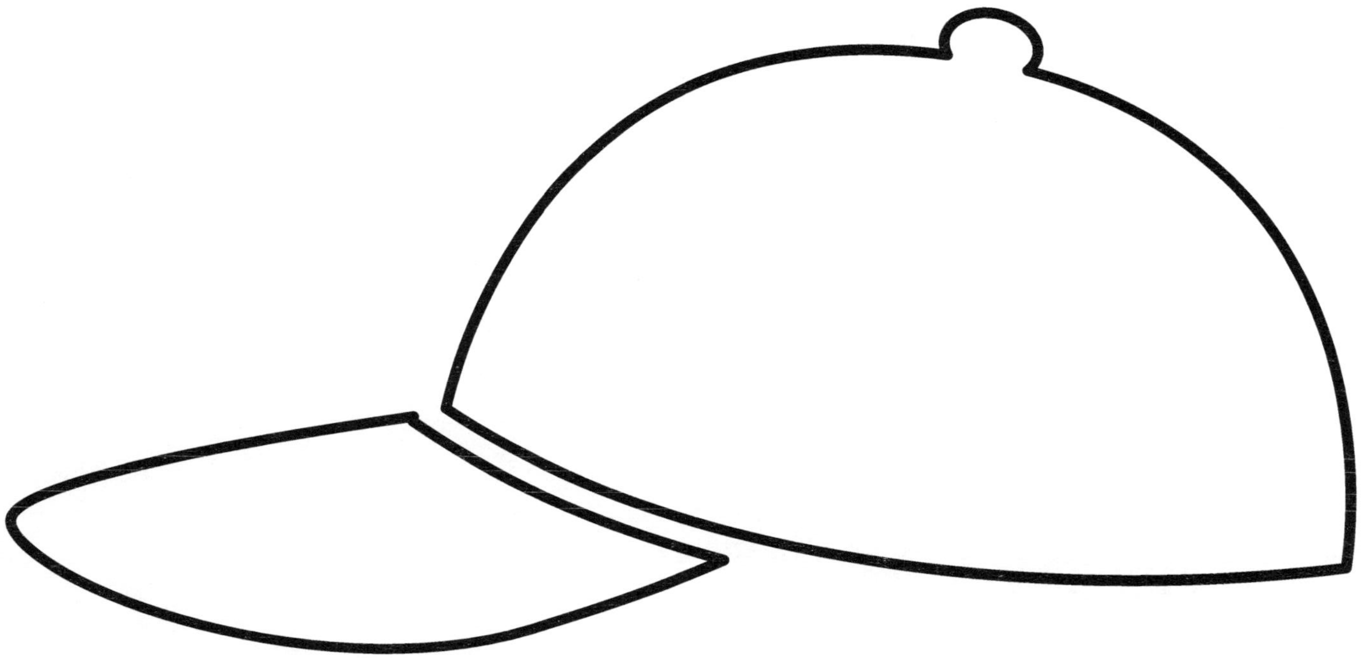

2025 年度 学習院初等科 過去 無断複製／転載を禁ずる 日本学習図書株式会社

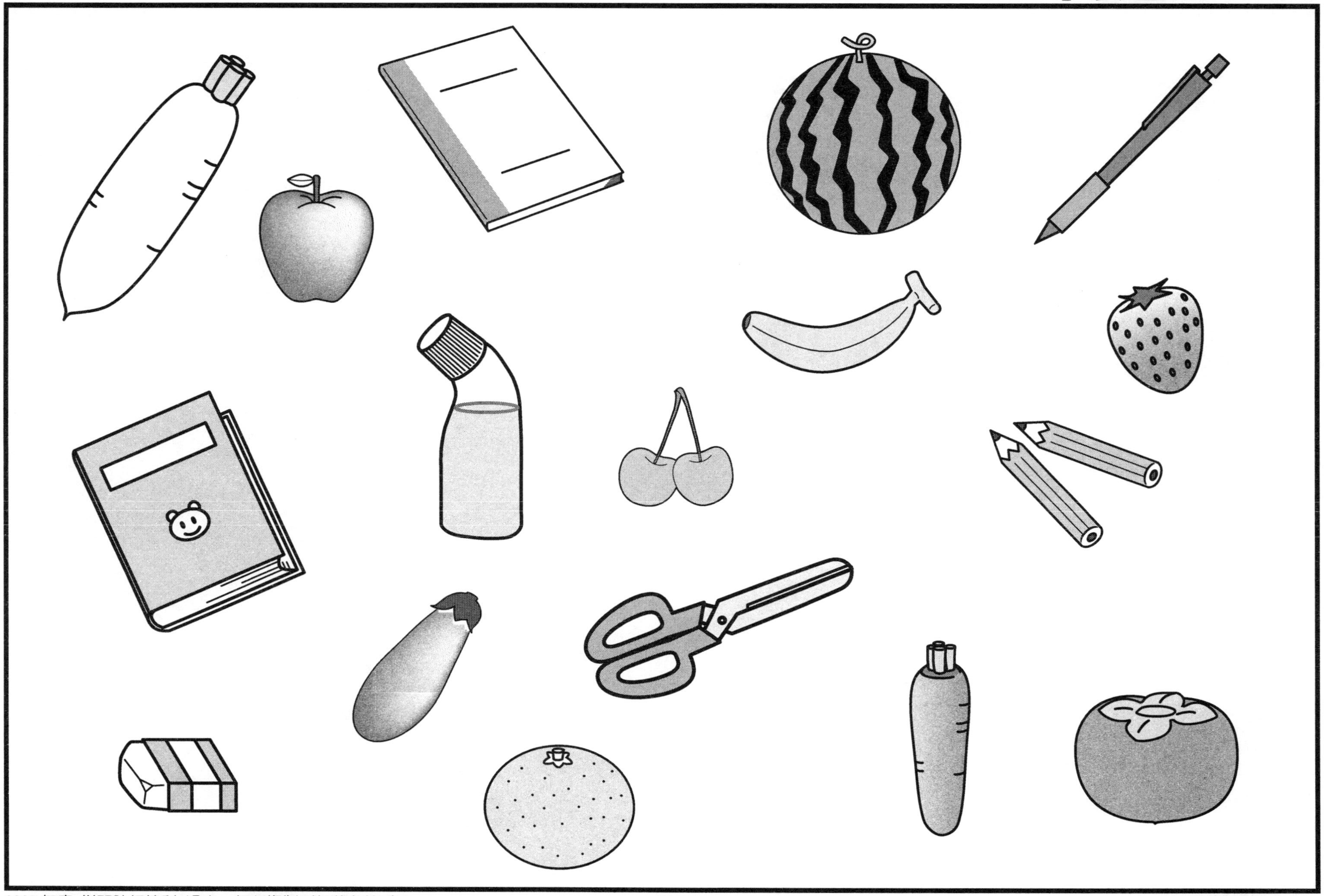

日本学習図書株式会社

2025 年度 学習院初等科 過去 無断複製／転載を禁ずる

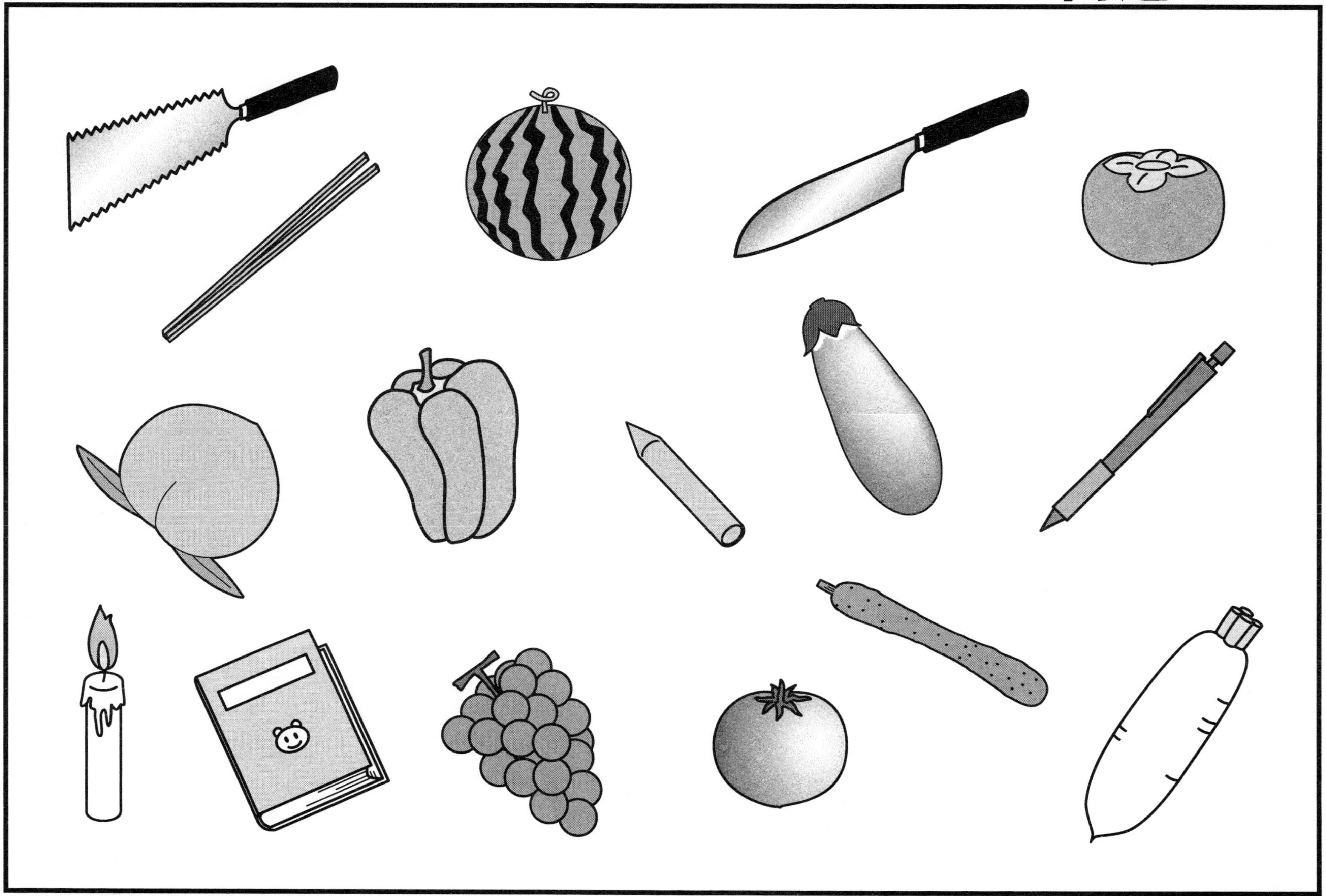

問題5

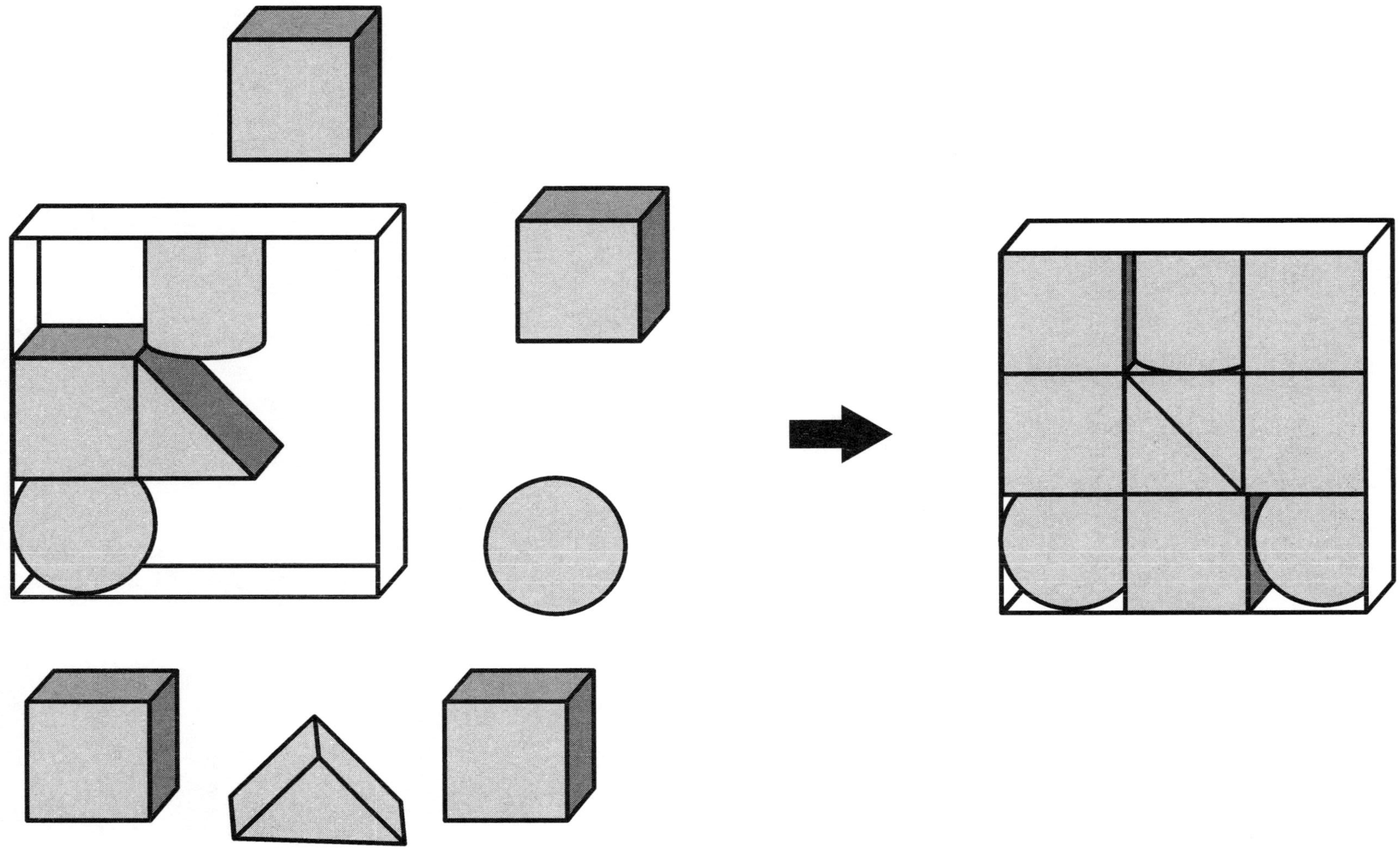

問題6－1

日本学習図書株式会社

問題6－2

①

②

日本学習図書株式会社

問題8

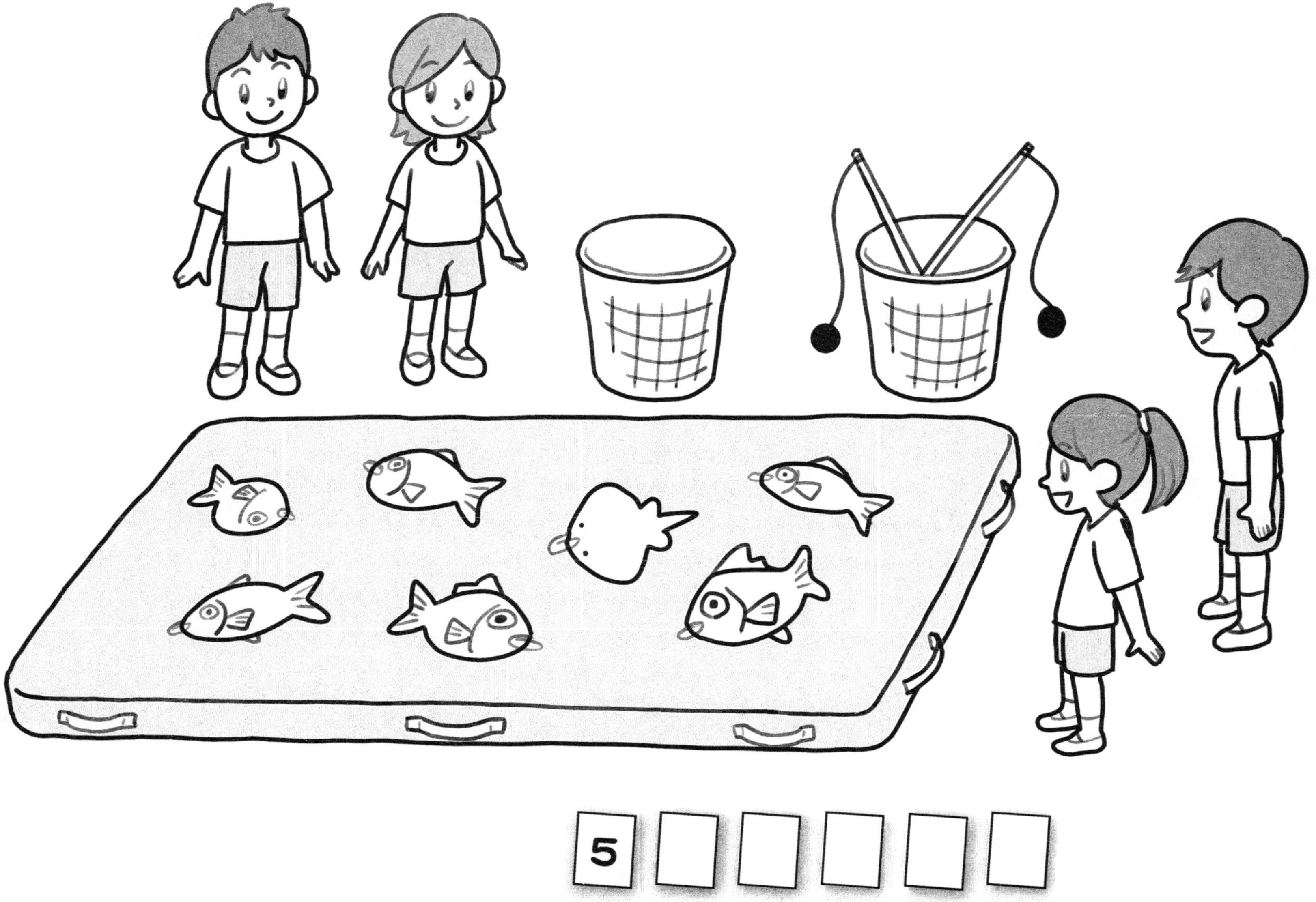

問題11－1

①

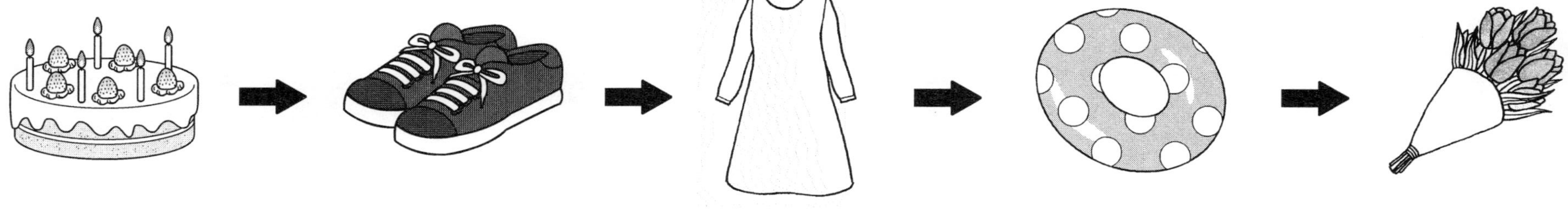

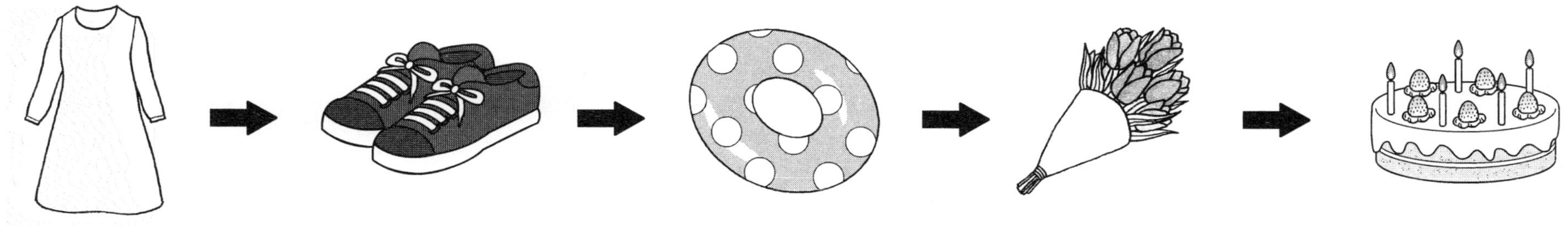

日本学習図書株式会社

問題１１－２

②

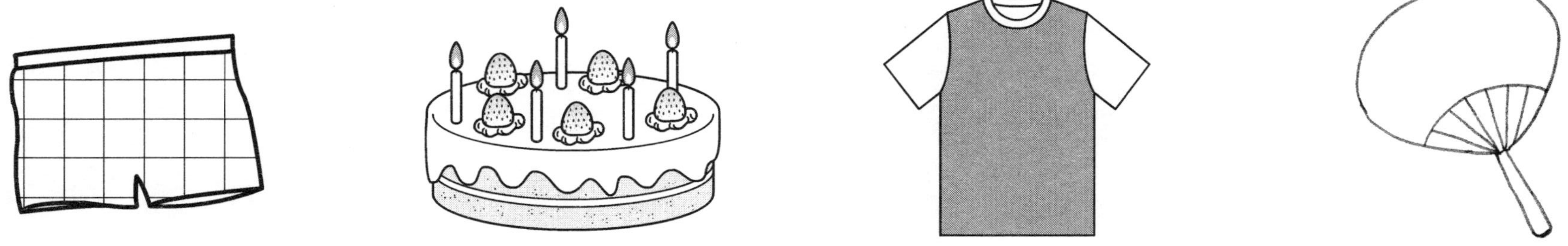

③

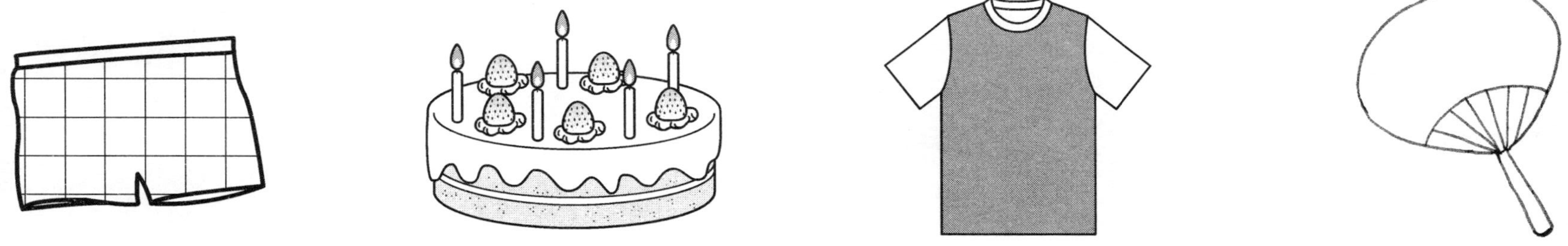

問題１２

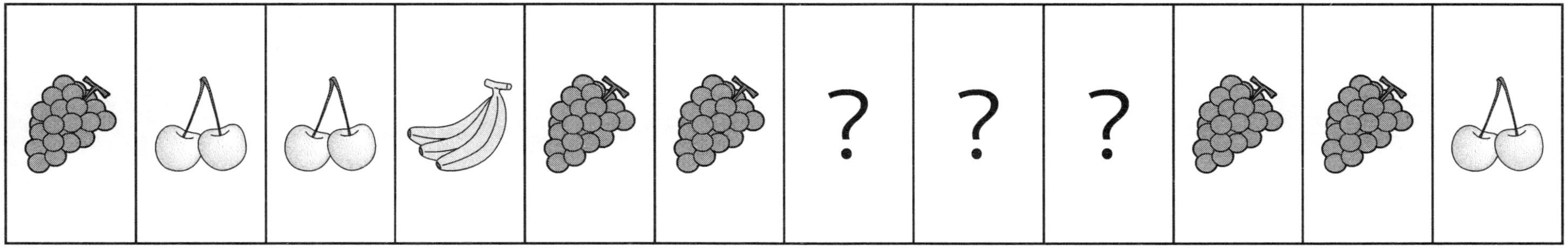

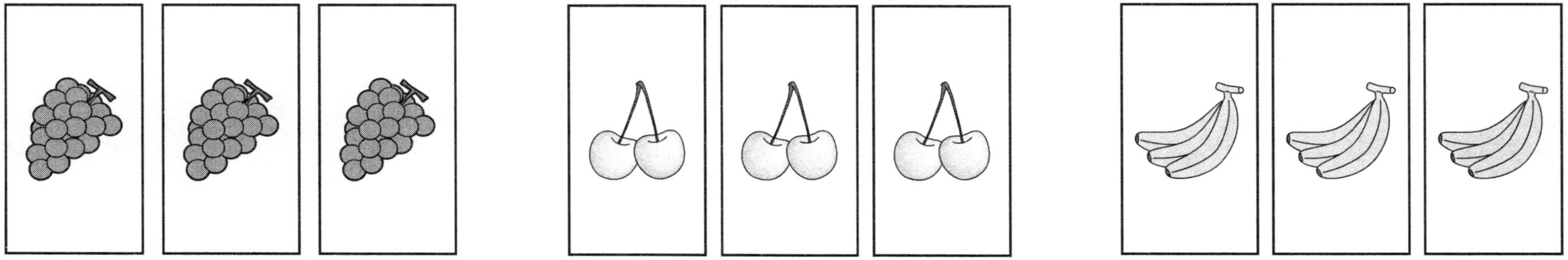

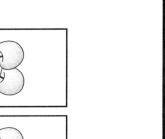

問題１４

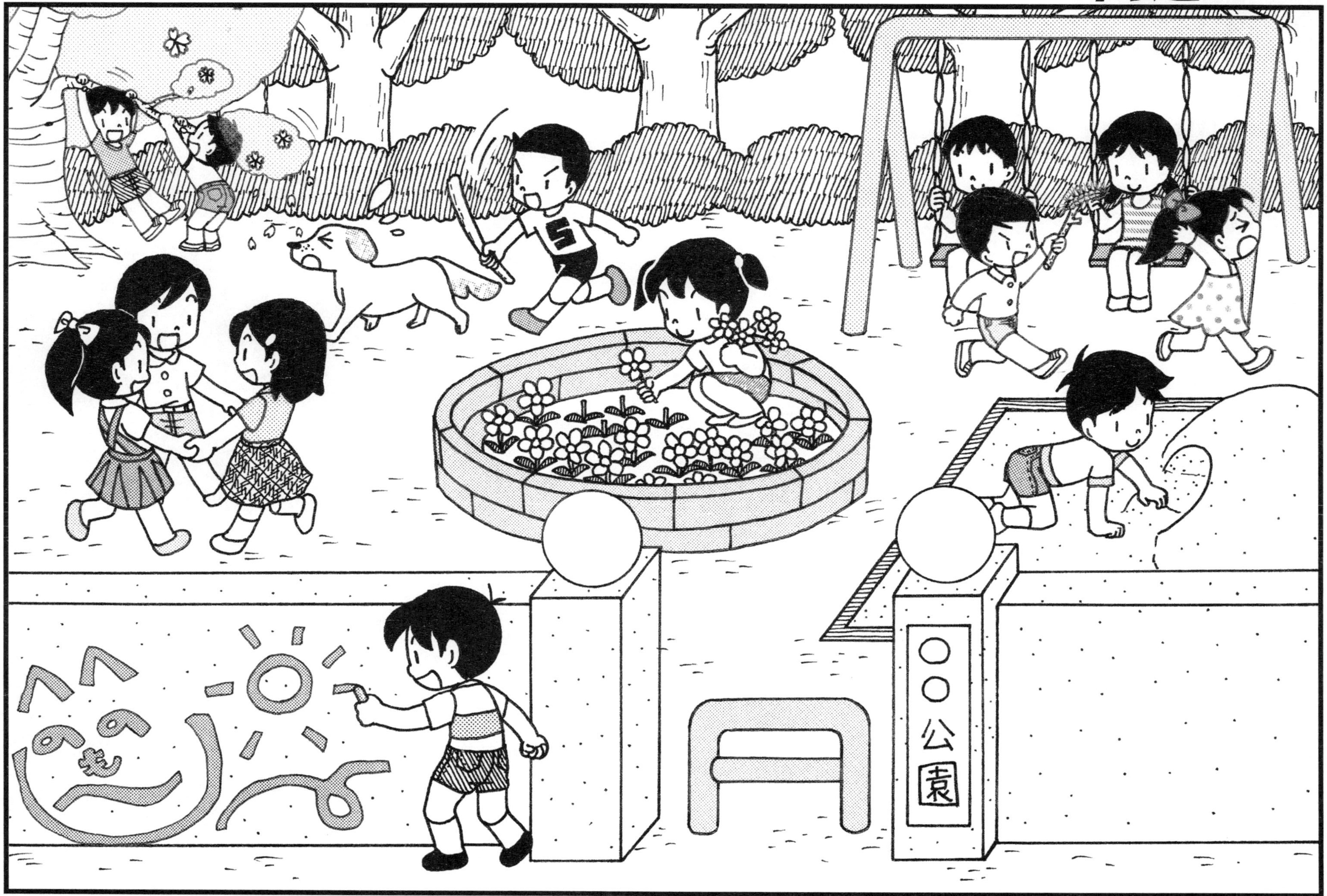

問題１９

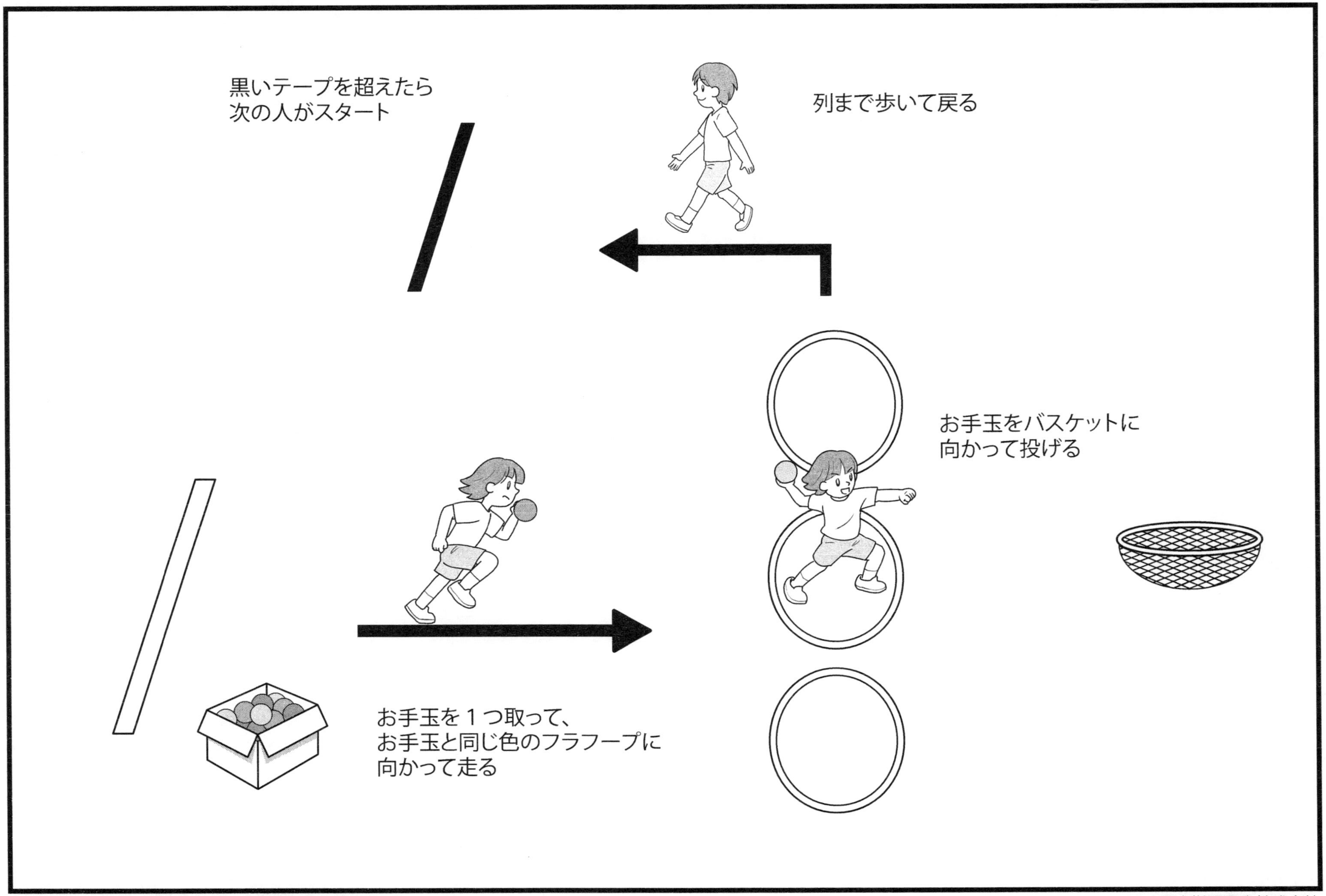
黒いテープを超えたら
次の人がスタート
列まで歩いて戻る
お手玉をバスケットに
向かって投げる
お手玉を１つ取って、
お手玉と同じ色のフラフープに
向かって走る

問題２０

①

②

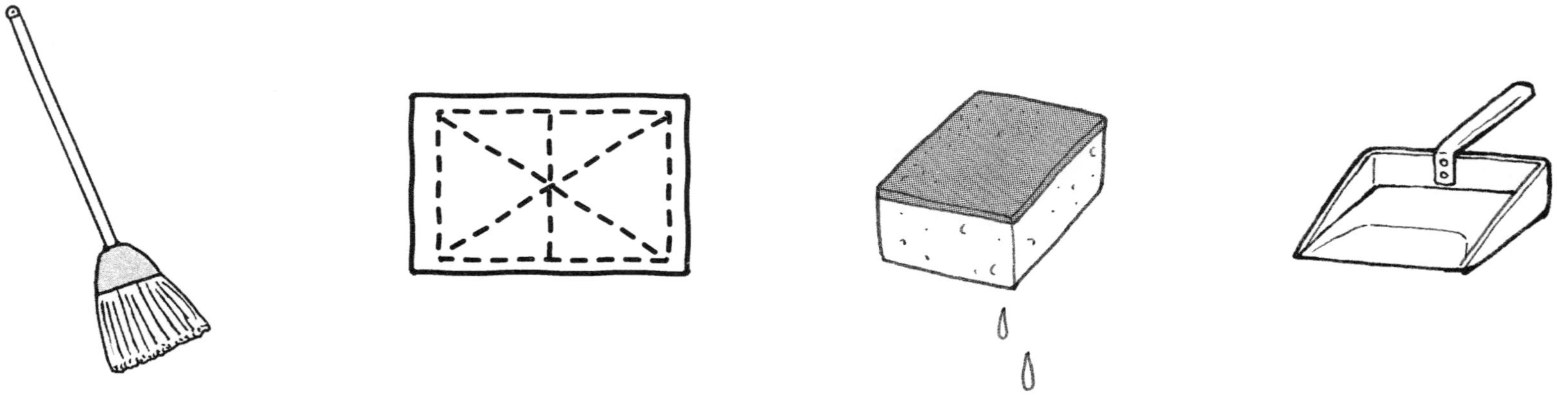

問題２１

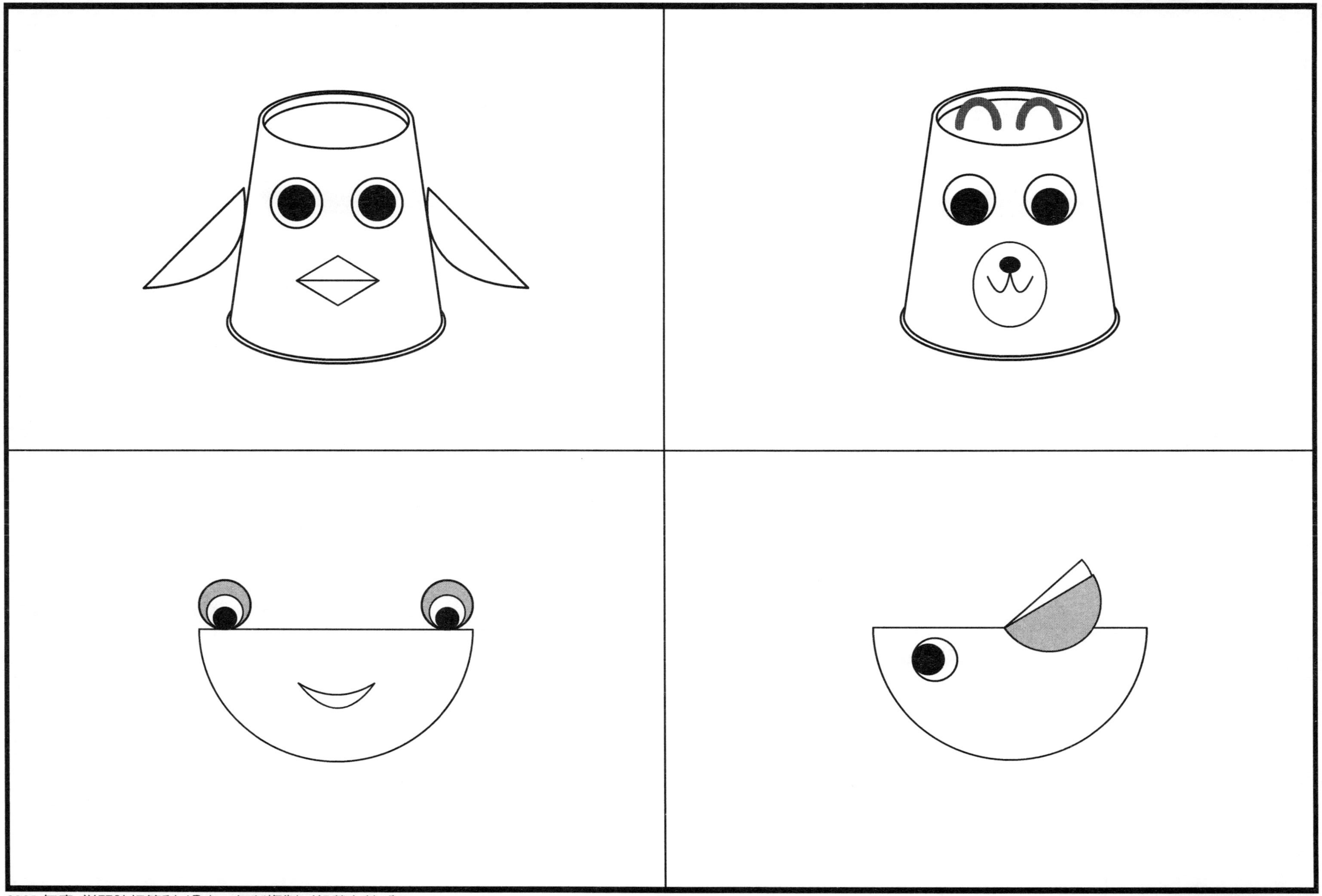

問題22

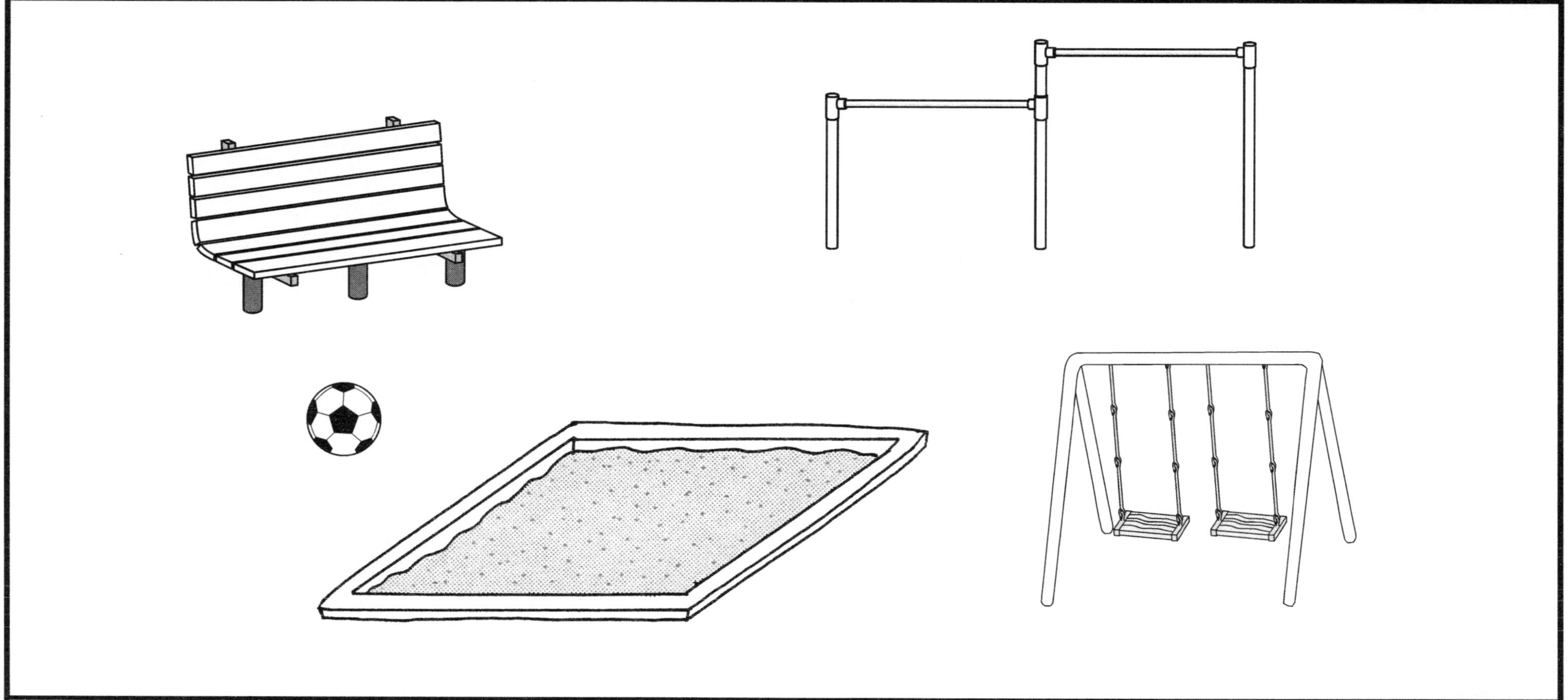

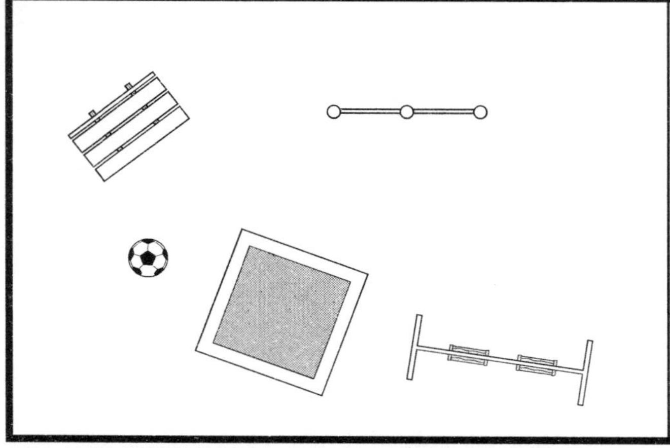

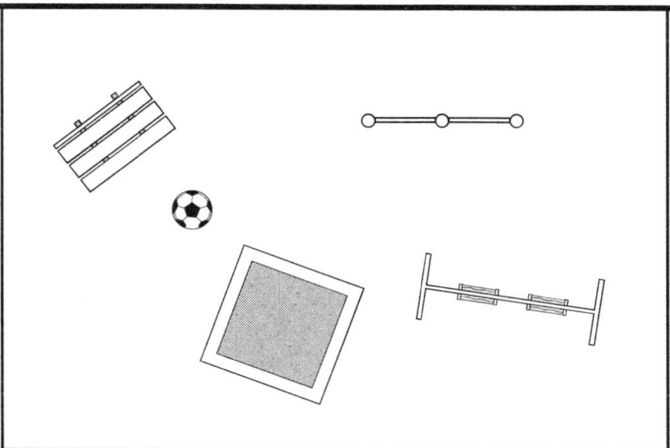

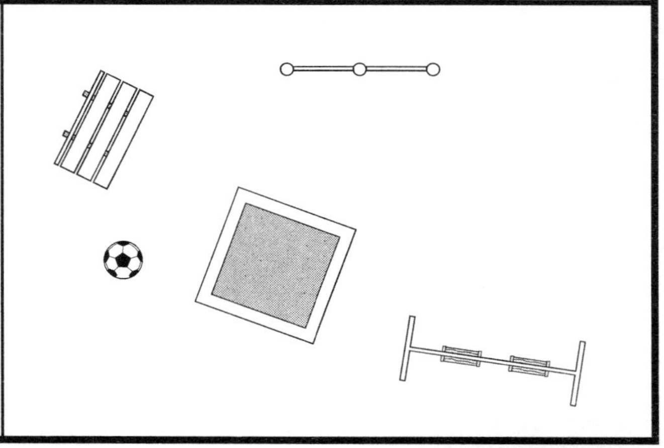

2025 年度 学習院初等科 過去　無断複製／転載を禁ずる

日本学習図書株式会社

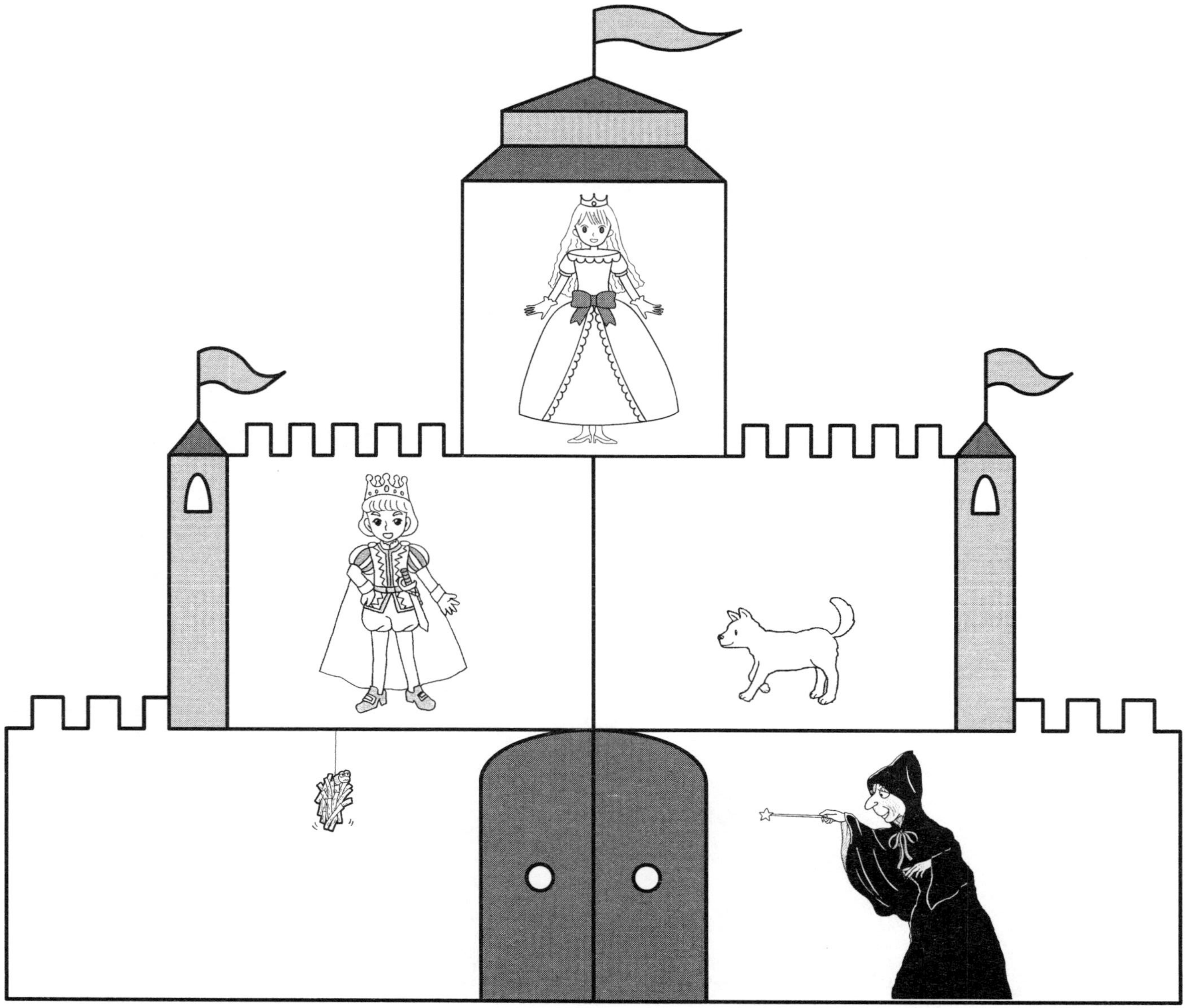

問題２３－２

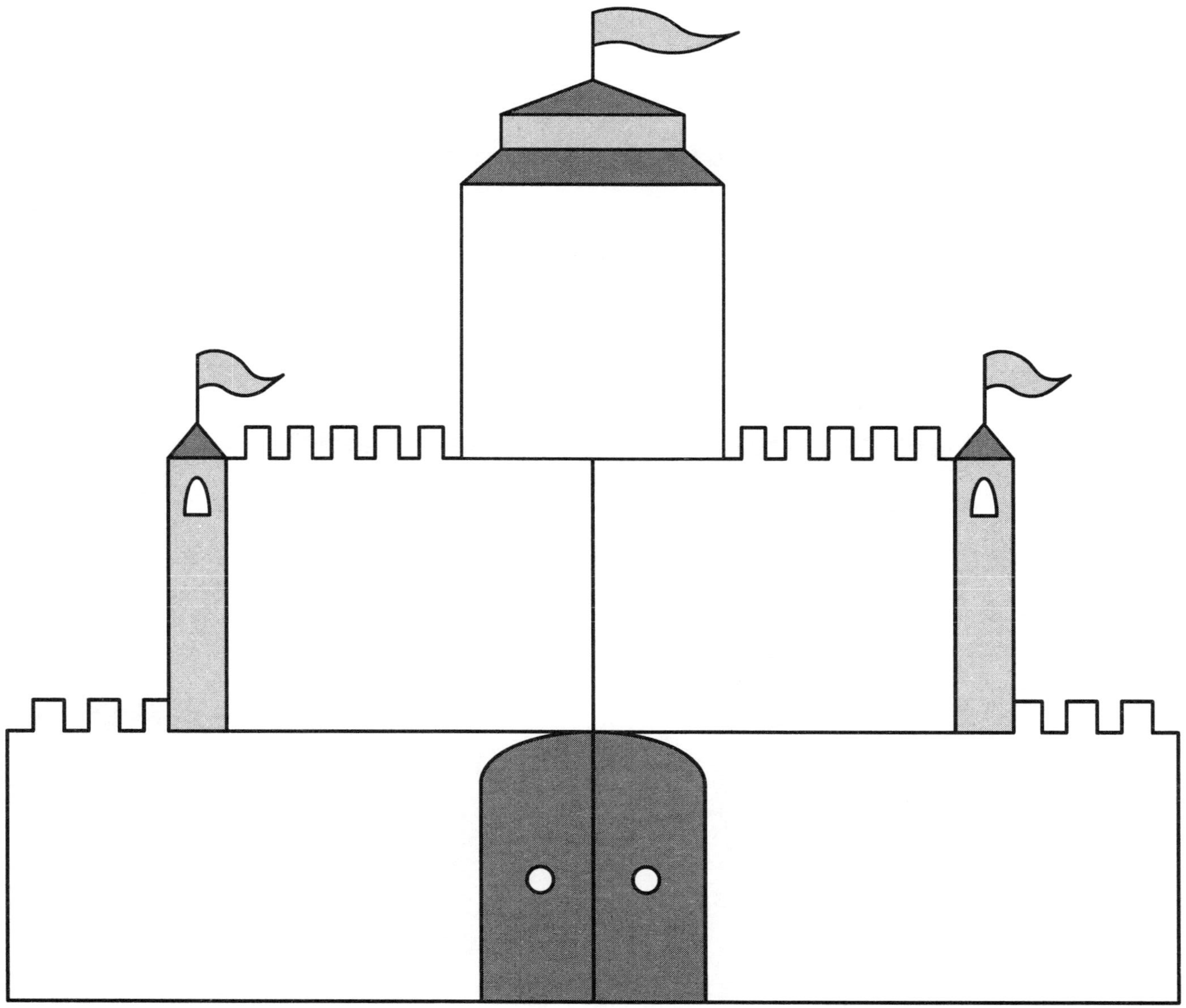

問題２４

2025 年度 学習院初等科 過去 無断複製／転載を禁ずる　　日本学習図書株式会社

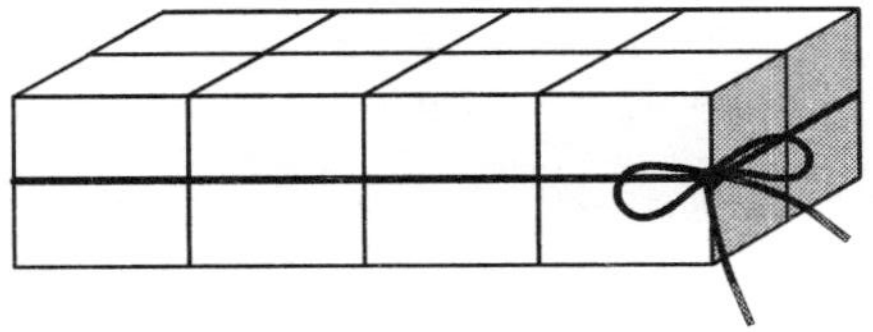

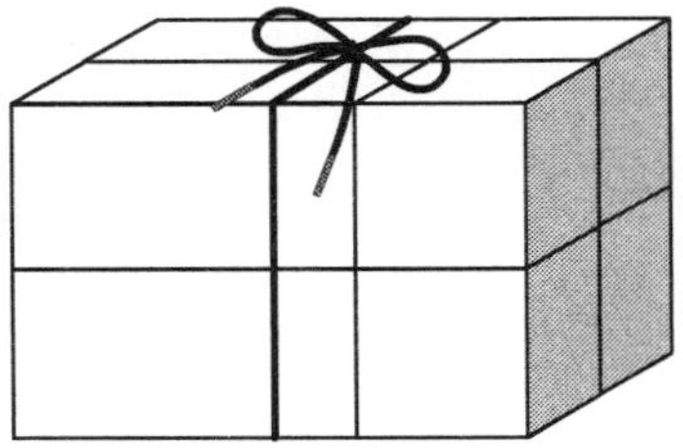

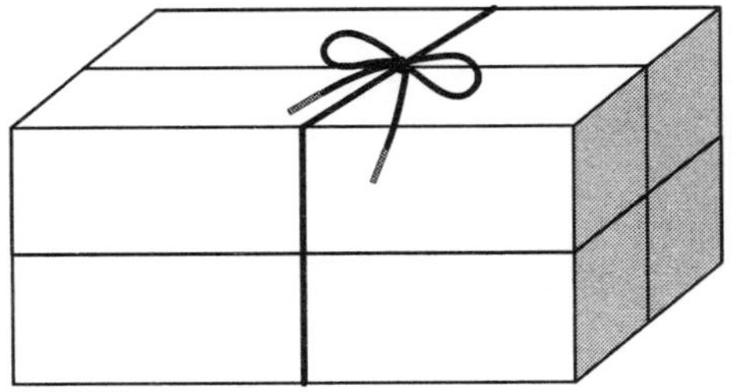

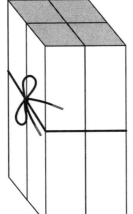

問題２６

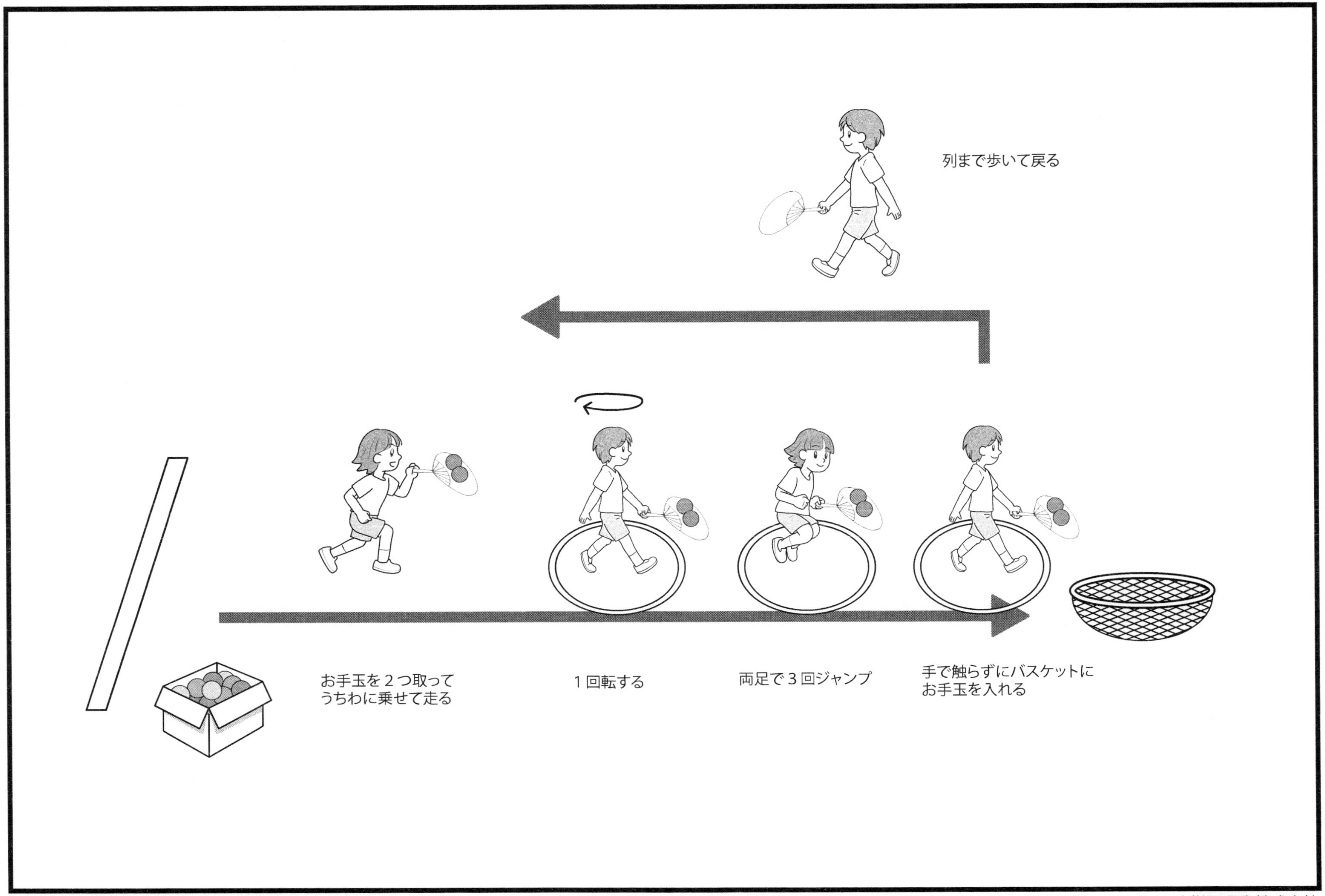
列まで歩いて戻る
お手玉を２つ取って
うちわに乗せて走る
１回転する
両足で３回ジャンプ
手で触らずにバスケットに
お手玉を入れる

30cm

20cm

10cm

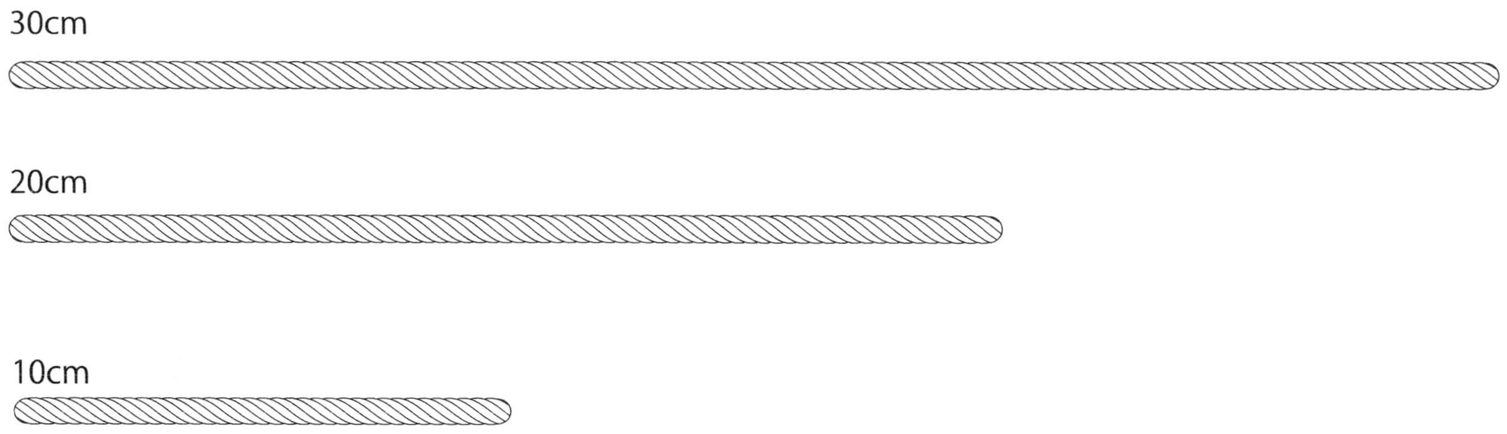

2025 年度 学習院初等科 過去　無断複製／転載を禁ずる　　日本学習図書株式会社

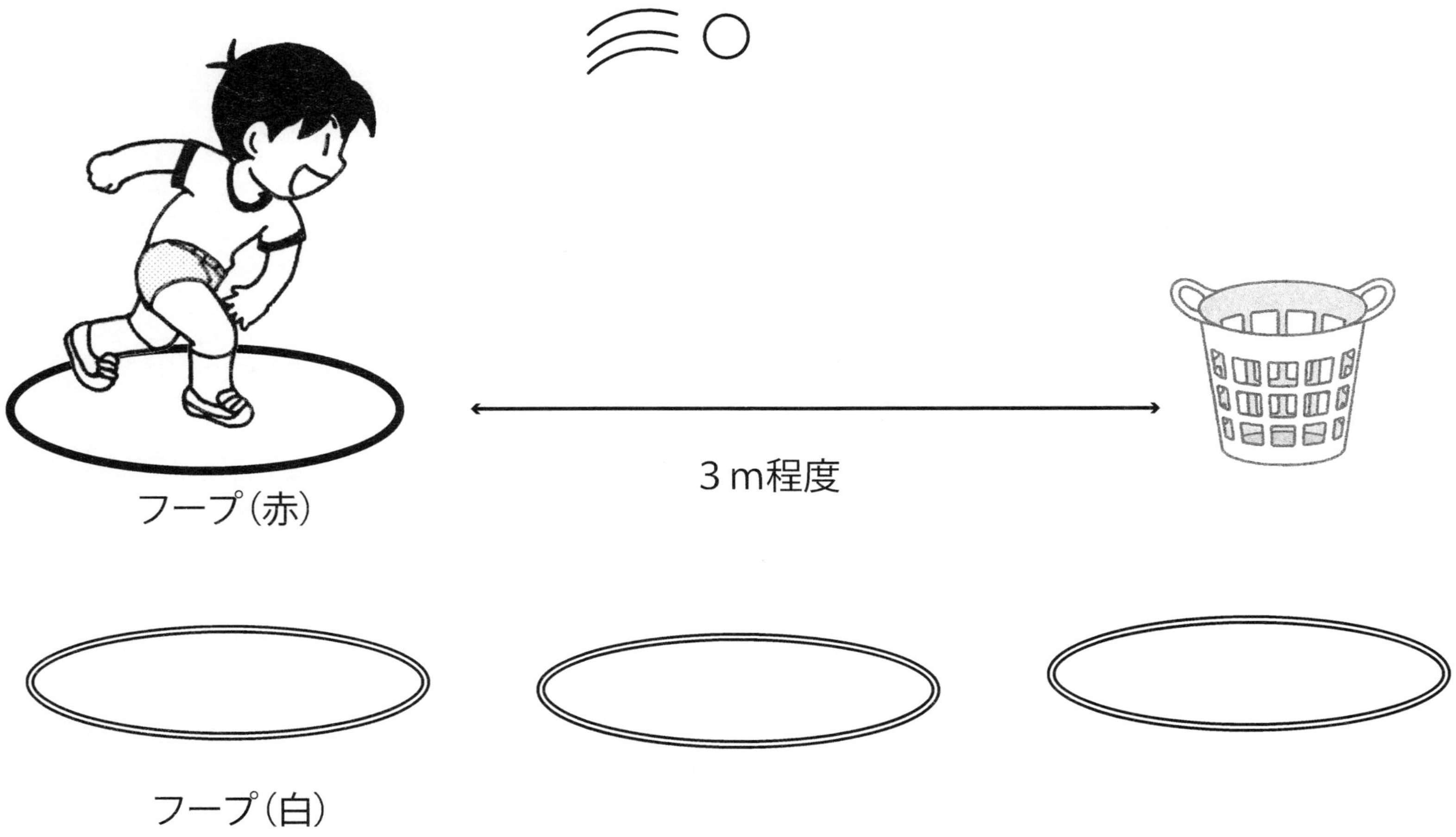

問題33

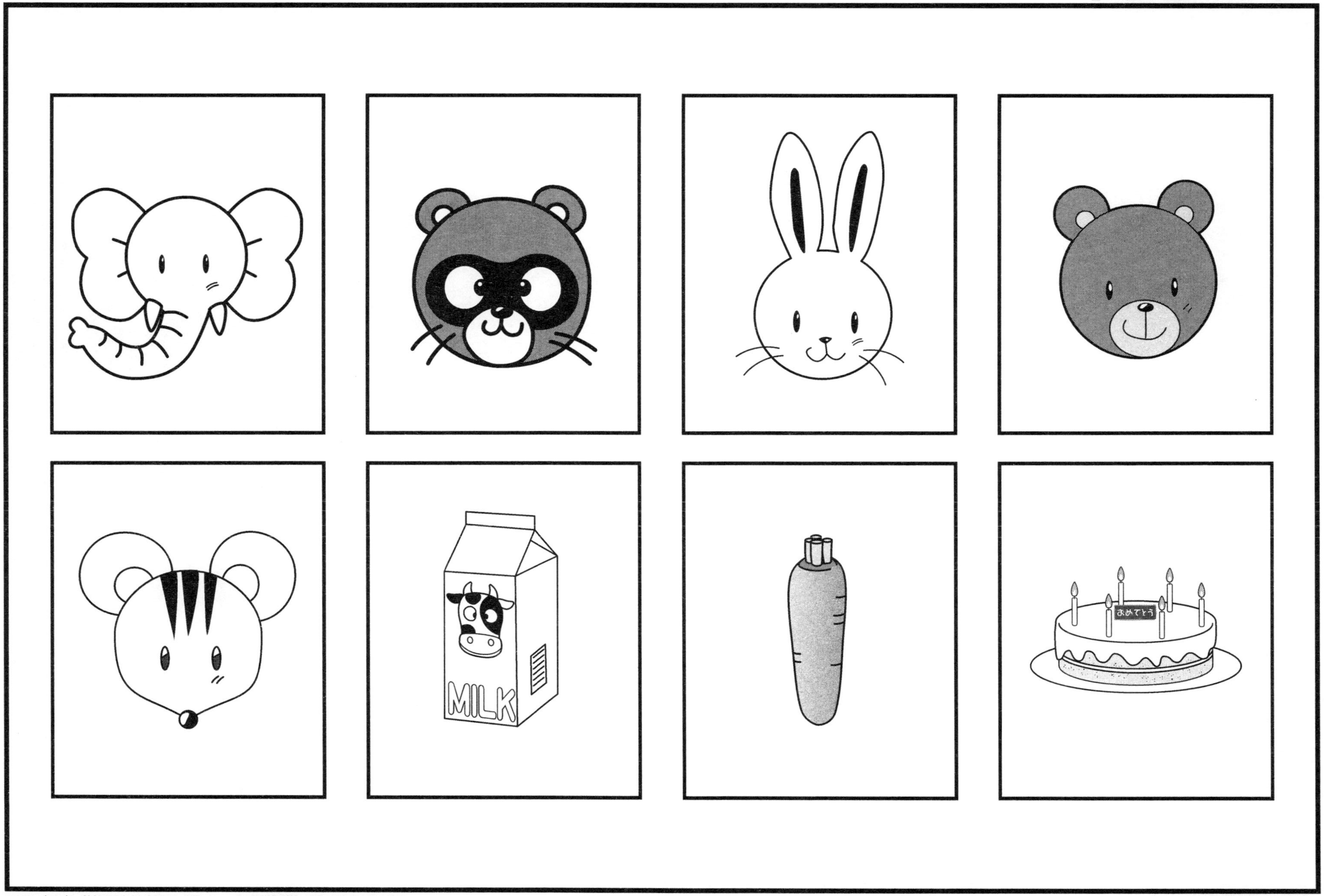

問題３４

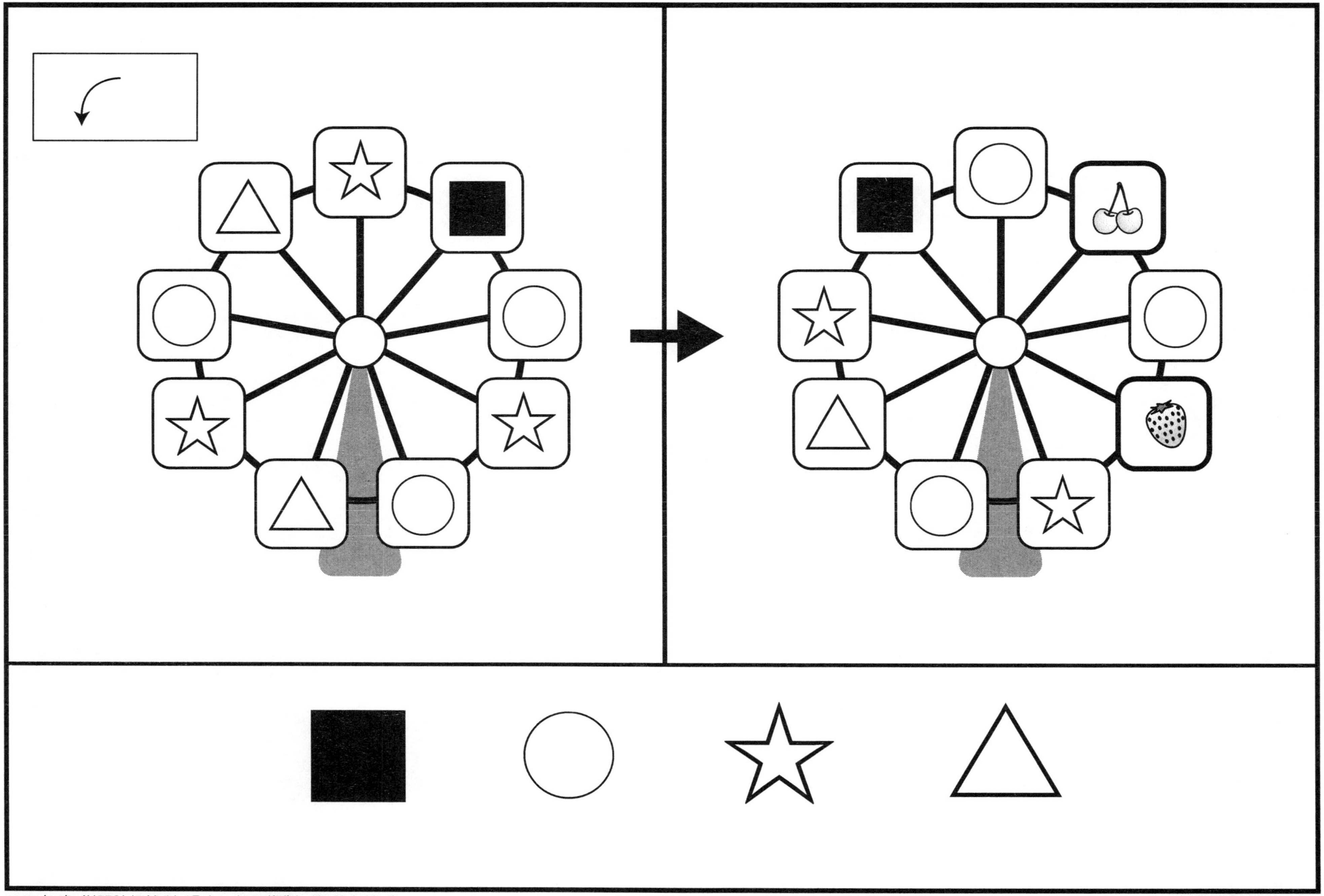

日本学習図書株式会社

問題35

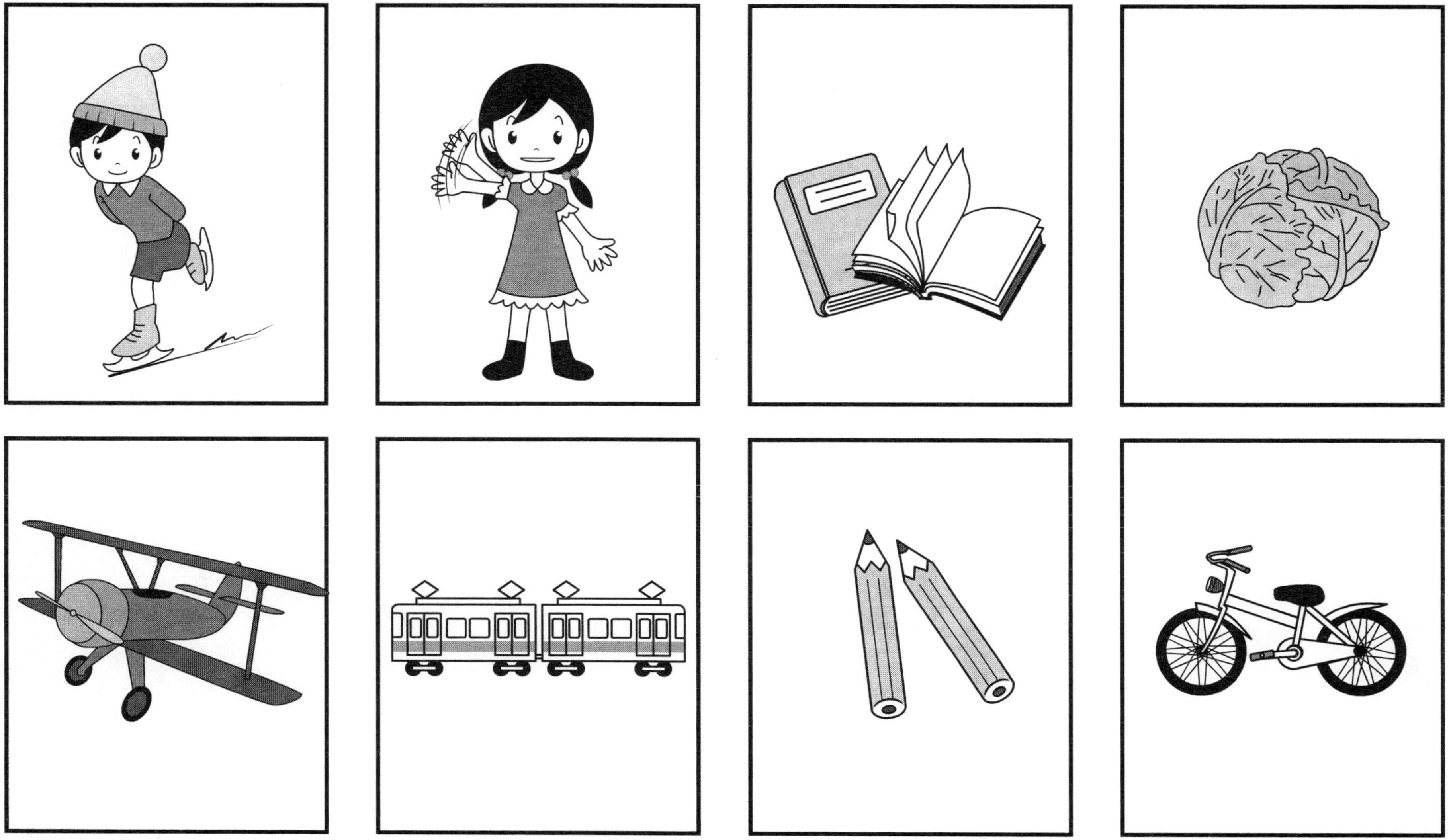

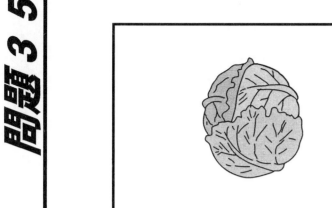

問題３８

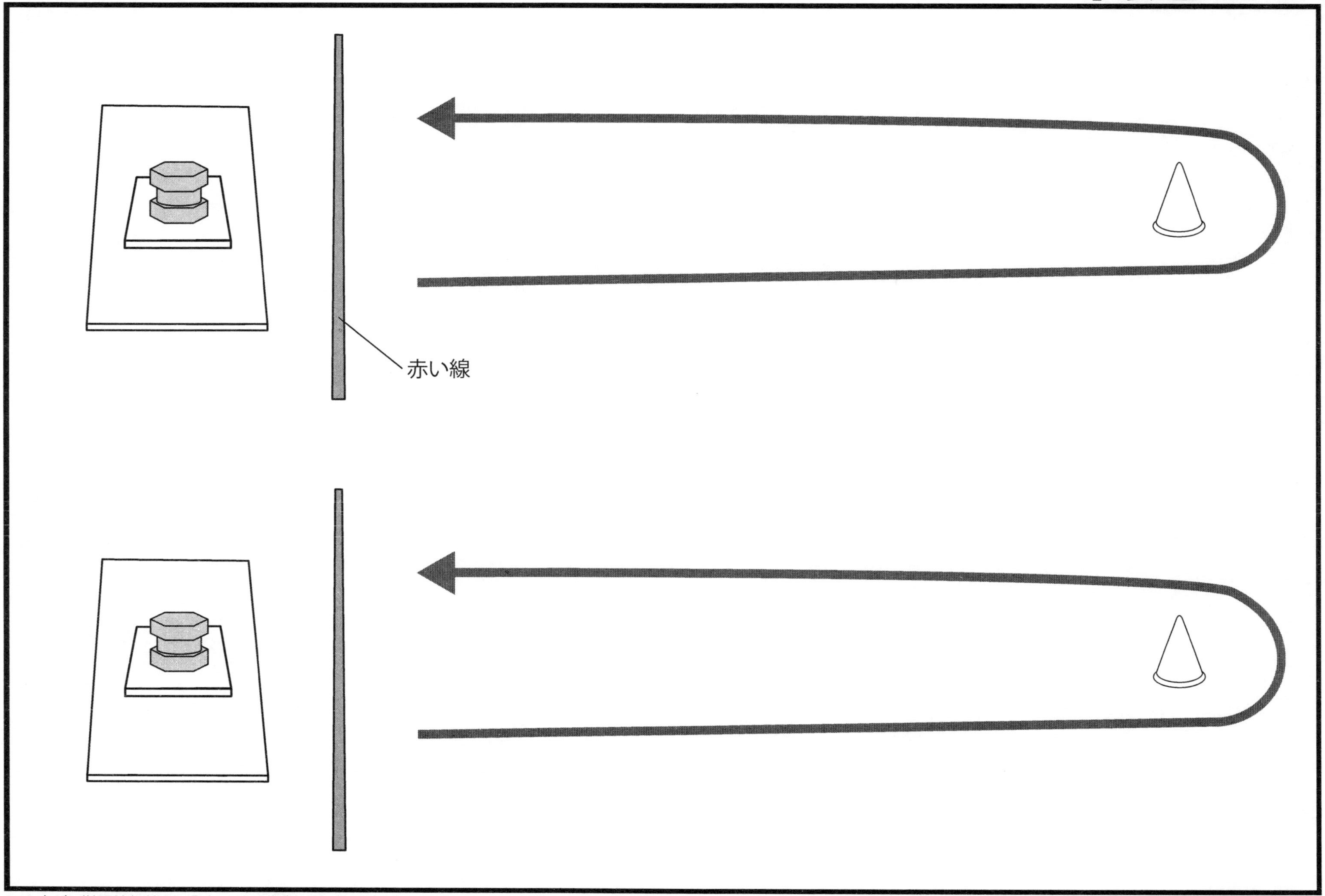

問題39

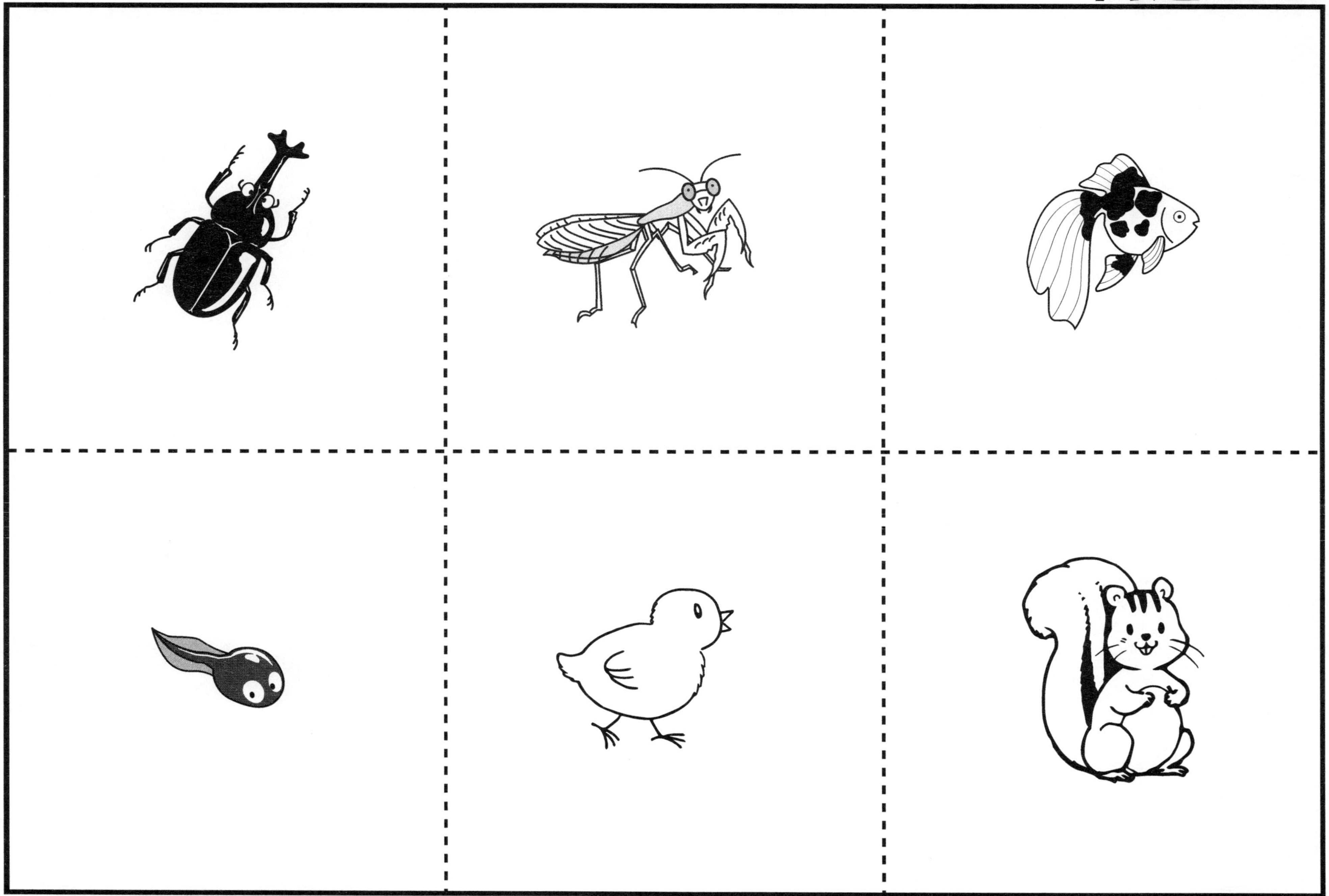

日本学習図書株式会社

問題４０－１

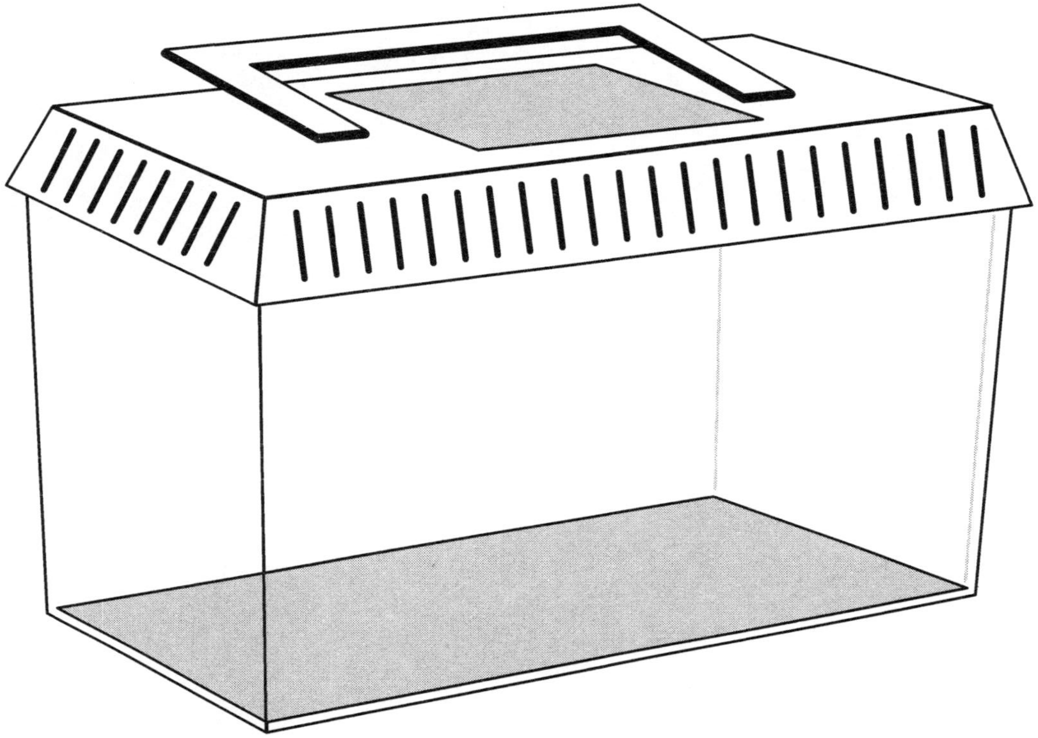

2025 年度 学習院初等科 過去 無断複製／転載を禁ずる　　日本学習図書株式会社

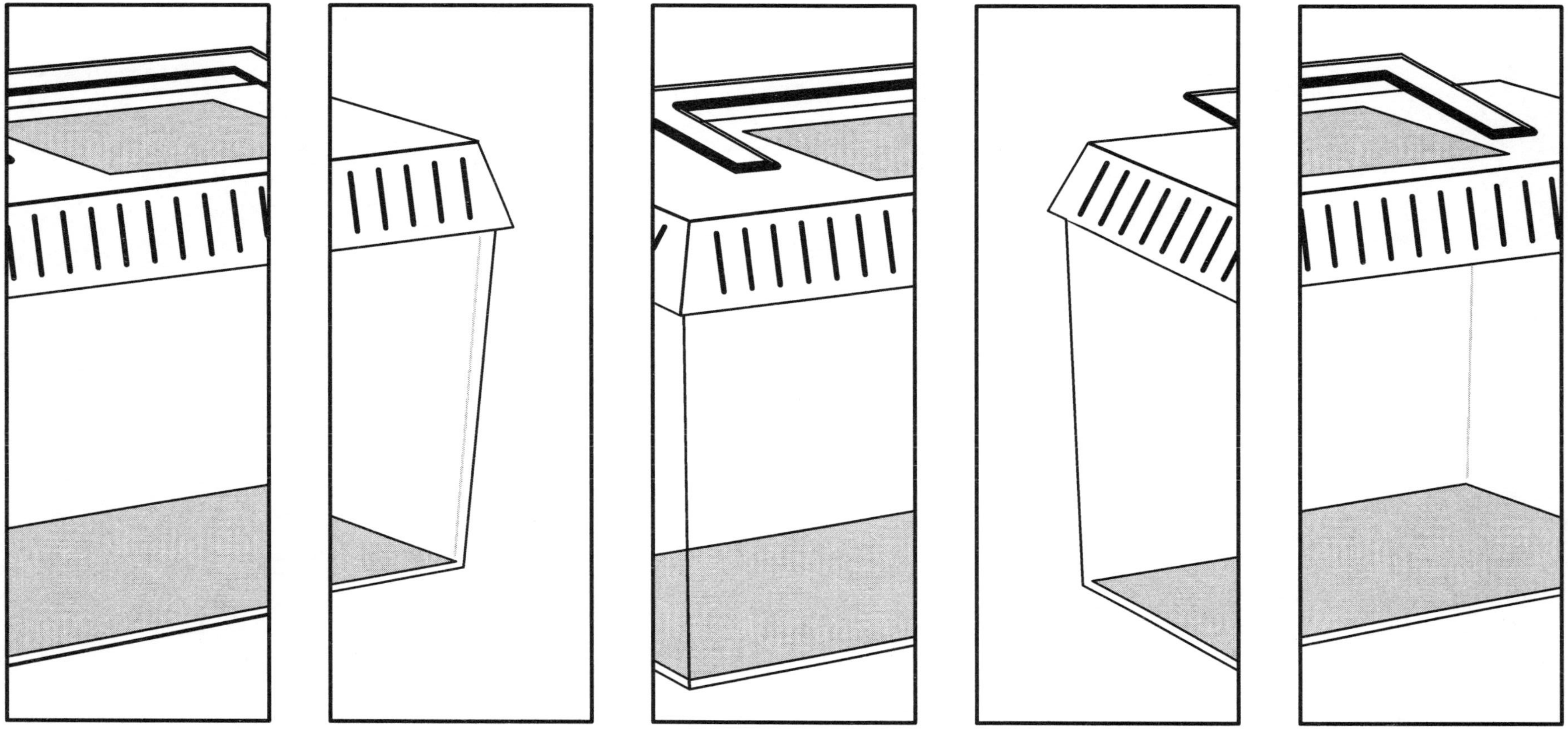

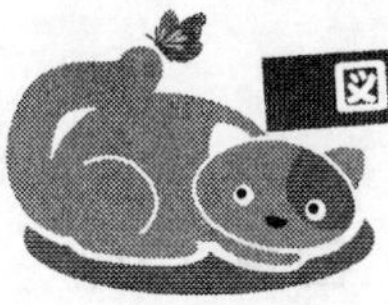

図書カード 1000 円分プレゼント

ご記入日 令和　　年　　月　　日

☆国・私立小学校受験アンケート☆

※可能な範囲でご記入下さい。選択肢は○で囲んで下さい。

〈小学校名〉＿＿＿＿＿＿＿＿＿＿　〈お子さまの性別〉男・女　〈誕生月〉＿＿月

〈その他の受験校〉（複数回答可）＿＿＿＿＿＿＿＿＿＿＿＿＿＿＿＿

〈受験日〉①：＿＿月＿＿日 〈時間〉＿＿時＿＿分　～　＿＿時＿＿分

②：＿＿月＿＿日 〈時間〉＿＿時＿＿分　～　＿＿時＿＿分

〈受験者数〉 男女計＿＿名 （男子＿＿名　女子＿＿名）

〈お子さまの服装〉＿＿＿＿＿＿＿＿＿＿＿＿＿＿＿＿

〈入試全体の流れ〉（記入例）準備体操→行動観察→ペーパーテスト

＿＿＿＿＿＿＿＿＿＿＿＿＿＿＿＿＿＿＿＿＿＿＿＿

Eメールによる情報提供

日本学習図書では、Ｅメールでも入試情報を募集しております。
下記のアドレスに、アンケートの内容をご入力の上、メールをお送り下さい。

ojuken@nichigaku.jp

●行動観察 （例）好きなおもちゃで遊ぶ・グループで協力するゲームなど

〈実施日〉＿＿月＿＿日 〈時間〉＿＿時＿＿分　～　＿＿時＿＿分 〈着替え〉□有 □無

〈出題方法〉 □肉声 □録音 □その他（　　　　　） 〈お手本〉□有 □無

〈試験形態〉 □個別 □集団（　　　人程度） 〈会場図〉

〈内容〉

□自由遊び

＿＿＿＿＿＿＿＿＿＿＿＿＿＿＿＿＿＿＿＿

□グループ活動

＿＿＿＿＿＿＿＿＿＿＿＿＿＿＿＿＿＿＿＿

□その他

＿＿＿＿＿＿＿＿＿＿＿＿＿＿＿＿＿＿＿＿

●運動テスト（有・無） （例）跳び箱・チームでの競争など

〈実施日〉＿＿月＿＿日 〈時間〉＿＿時＿＿分　～　＿＿時＿＿分 〈着替え〉□有 □無

〈出題方法〉 □肉声 □録音 □その他（　　　　　） 〈お手本〉□有 □無

〈試験形態〉 □個別 □集団（　　　人程度） 〈会場図〉

〈内容〉

□サーキット運動

□走り □跳び箱 □平均台 □ゴム跳び

□マット運動 □ボール運動 □なわ跳び

□クマ歩き

□グループ活動＿＿＿＿＿＿＿＿＿＿＿＿＿＿＿＿

□その他＿＿＿＿＿＿＿＿＿＿＿＿＿＿＿＿＿＿

●知能テスト・口頭試問

〈実施日〉＿＿月＿＿日〈時間〉＿＿時＿＿分 ～ ＿＿時＿＿分〈お手本〉□有 □無

〈出題方法〉 □肉声 □録音 □その他（　　　　　　）〈問題数〉＿＿枚＿＿問

分野	方法	内　容	詳 細・イ ラ ス ト
(例) お話の記憶	☑筆記 □口頭	動物たちが待ち合わせをする話	(あらすじ) 動物たちが待ち合わせをした。最初にウサギさんが来た。次にイヌくんが、その次にネコさんが来た。最後にタヌキくんが来た。 (問題・イラスト) ３番目に来た動物は誰か 
お話の記憶	□筆記 □口頭		(あらすじ) (問題・イラスト)
図形	□筆記 □口頭		
言語	□筆記 □口頭		
常識	□筆記 □口頭		
数量	□筆記 □口頭		
推理	□筆記 □口頭		
その他	□筆記 □口頭		

●制作　（例）ぬり絵・お絵かき・工作遊びなど

〈実施日〉＿＿月＿＿日〈時間〉＿＿時＿＿分　～　＿＿時＿＿分

〈出題方法〉　□肉声　□録音　□その他（　　　　　）〈お手本〉□有　□無

〈試験形態〉　□個別　□集団（　　　　人程度）

材料・道具	制作内容
□ハサミ □のり（□つぼ　□液体　□スティック） □セロハンテープ □鉛筆　□クレヨン（　色） □クーピーペン（　色） □サインペン（　色）□ □画用紙（□ A4　□ B4　□ A3 □その他：　　　　　） □折り紙　□新聞紙　□粘土 □その他（　　　　　）	□切る　□貼る　□塗る　□ちぎる　□結ぶ　□描く　□その他（　　　　　） タイトル：＿＿＿＿＿＿＿＿＿＿

●面接

〈実施日〉＿＿月＿＿日〈時間〉＿＿時＿＿分　～　＿＿時＿＿分〈面接担当者〉＿＿名

〈試験形態〉□志願者のみ（　　）名　□保護者のみ　□親子同時　□親子別々

〈質問内容〉

※試験会場の様子をご記入下さい。

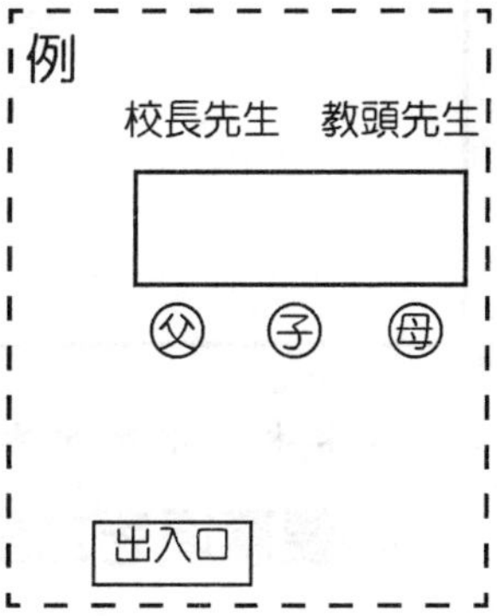

□志望動機　□お子さまの様子

□家庭の教育方針

□志望校についての知識・理解

□その他（　　　　　　　　　）

（詳　細）

・

・

・

・

●保護者作文・アンケートの提出（有・無）

〈提出日〉　□面接直前　□出願時　□志願者考査中　□その他（　　　　　　）

〈下書き〉　□有　□無

〈アンケート内容〉

（記入例）当校を志望した理由はなんですか（150 字）

●説明会（□有　□無）〈開催日〉＿＿月＿＿日〈時間〉＿＿時＿＿分＿＿～＿＿時＿＿分

〈上履き〉　□要　□不要　〈願書配布〉　□有　□無　〈校舎見学〉　□有　□無

〈ご感想〉

●参加された学校行事（複数回答可）

公開授業〈開催日〉＿＿月＿＿日〈時間〉＿＿時＿＿分＿＿～＿＿時＿＿分

運動会など〈開催日〉＿＿月＿＿日〈時間〉＿＿時＿＿分＿＿～＿＿時＿＿分

学習発表会・音楽会など〈開催日〉＿＿月＿＿日〈時間〉＿＿時＿＿分＿＿～＿＿時＿＿分

〈ご感想〉

※是非参加したほうがよいと感じた行事について

●受験を終えてのご感想、今後受験される方へのアドバイス

※対策学習（重点的に学習しておいた方がよい分野）、当日準備しておいたほうがよい物など

＊＊＊＊＊＊＊＊＊＊＊＊＊　ご記入ありがとうございました　＊＊＊＊＊＊＊＊＊＊＊＊＊

必要事項をご記入の上、ポストにご投函ください。

なお、本アンケートの送付期限は入試終了後３ヶ月とさせていただきます。また、入試に関する情報の記入量が当社の基準に満たない場合、謝礼の送付ができないことがございます。あらかじめご了承ください。

ご住所：〒＿＿＿＿＿＿＿＿＿＿＿＿＿＿＿＿＿＿＿＿

お名前：＿＿＿＿＿＿＿＿＿＿　メール：＿＿＿＿＿＿＿＿＿＿

ＴＥＬ：＿＿＿＿＿＿＿＿＿＿　ＦＡＸ：＿＿＿＿＿＿＿＿＿＿

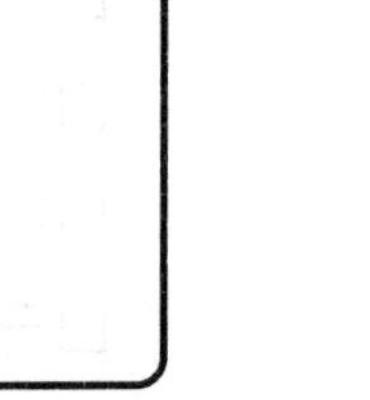
アンケートのご記入ありがとうございました

ご記入頂いた個人に関する情報は、当社にて厳重に管理致します。弊社の個人情報取り扱いに関する詳細は、www.nichigaku.jp/policy.php の「個人情報の取り扱い」をご覧下さい。

分野別 小学入試練習帳 ジュニアウォッチャー

1. 点・線図形	小学校入試で出題頻度の高い『点・線図形』の模写を、難易度の低いものから段階別に幅広く練習することができるように構成。
2. 座標	図形の位置模写という作業を、難易度の低いものから段階別に練習できるように構成。
3. パズル	様々なパズルの問題を難易度の低いものから段階別に練習できるように構成。
4. 同図形探し	小学校入試で出題頻度の高い、同図形選びの問題を繰り返し練習できるように構成。
5. 回転・展開	図形などを回転、または展開したとき、形がどのように変化するかを学習し、理解を深められるように構成。
6. 系列	数、図形などの様々な系列問題を、難易度の低いものから段階別に練習できるように構成。
7. 迷路	迷路の問題を繰り返し練習できるように構成。
8. 対称	対称に関する問題を４つのテーマに分類し、各テーマごとに問題を段階別に練習できるように構成。
9. 合成	図形の合成に関する問題を、難易度の低いものから段階別に練習できるように構成。
10. 四方からの観察	もの（立体）を様々な角度から見て、どのように見えるかを推理する問題を段階別に整理し、１つの形式で複数の問題を練習できるように構成。
11. いろいろな仲間	ものや動物、植物の共通点を見つけ、分類していく問題を中心に構成。
12. 日常生活	日常生活における様々な問題を６つのテーマに分類し、各テーマごとに一つの問題形式で複数の問題を練習できるように構成。
13. 時間の流れ	『時間』に着目し、様々なものごとは、時間が経過するとどのように変化するのかということを学習し、理解できるように構成。
14. 数える	様々なものを『数える』ことから、数の多少の判定やかけ算、わり算の基礎までを練習できるように構成。
15. 比較	比較に関する問題を５つのテーマ（数、高さ、長さ、量、重さ）に分類し、各テーマごとに問題を段階別に練習できるように構成。
16. 積み木	数える対象を積み木に限定した問題集。
17. 言葉の音遊び	言葉の音に関する問題を５つのテーマに分類し、各テーマごとに問題を段階別に練習できるように構成。
18. いろいろな言葉	表現力をより豊かにするいろいろな言葉として、擬態語や擬声語、同音異義語、反意語、数詞を取り上げた問題集。
19. お話の記憶	お話を聴いてその内容を記憶、理解し、設問に答える形式の問題集。
20. 見る記憶・聴く記憶	「見て憶える」「聴いて憶える」という『記憶』分野に特化した問題集。
21. お話作り	いくつかの絵を元にしてお話を作る練習をして、想像力を養うことができるように構成。
22. 想像画	描かれてある形や景色に好きな絵を描くことにより、想像力を養うことができるように構成。
23. 切る・貼る・塗る	小学校入試で出題頻度の高い、はさみやのりなどを用いた巧緻性の問題を繰り返し練習できるように構成。
24. 絵画	小学校入試で出題頻度の高い、お絵かきやぬり絵などクレヨンやクーピーペンを用いた巧緻性の問題を繰り返し練習できるように構成。
25. 生活巧緻性	小学校入試で出題頻度の高い日常生活の様々な場面における巧緻性の問題集。
26. 文字・数字	ひらがなの清音、濁音、拗音、拗長音、促音と１〜20までの数字に焦点を絞り、練習できるように構成。
27. 理科	小学校入試で出題頻度が高くなりつつある理科の問題を集めた問題集。
28. 運動	出題頻度の高い運動問題を種目別に分けて構成。
29. 行動観察	項目ごとに問題提起をし、「このような時はどうか、あるいはどう対処するのか」の観点から問いかける形式の問題集。
30. 生活習慣	学校から家庭に提起された問題と思って、一問一問絵を見ながら話し合い、考える形式の問題集。

31. 推理思考	数、量、言語、常識（含理科、一般）など、諸々のジャンルから問題を構成し、近年の小学校入試問題傾向に沿って構成。
32. ブラックボックス	箱や筒の中を通ると、どのようなお約束でどのように変化するかを推理・思考する問題集。
33. シーソー	重さの違うものをシーソーに乗せた時どちらに傾くのか、またどうすればシーソーは釣り合うのかを思考する基礎的な問題集。
34. 季節	様々な行事や植物などを季節別に分類できるように知識をつける問題集。
35. 重ね図形	小学校入試で頻繁に出題されている「図形を重ね合わせてできる形」についての問題を集めました。
36. 同数発見	様々な物を数え「同じ数」を発見し、数の多少の判断や数の認識の基礎を学べるように構成した問題集。
37. 選んで数える	数の学習の基本となる、いろいろなものの数を正しく数える学習を行う問題集。
38. たし算・ひき算１	数字を使わず、たし算とひき算の基礎を身につけるための問題集。
39. たし算・ひき算２	数字を使わず、たし算とひき算の基礎を身につけるための問題集。
40. 数を分ける	数を等しく分ける問題です。等しく分けたときに余りが出るものもあります。
41. 数の構成	ある数がどのような数で構成されているか学んでいきます。
42. 一対多の対応	一対一の対応から、一対多の対応まで、かけ算の考え方の基礎学習を行います。
43. 数のやりとり	あげたり、もらったり、数の変化をしっかりと学びます。
44. 見えない数	指定された条件から数を導き出します。
45. 図形分割	図形の分割に関する問題集。パズルや合成の分野にも通じる様々な問題を集めました。
46. 回転図形	「回転図形」に関する問題集。やさしい問題から始め、いくつかの代表的なパターンから、段階を踏んで学習できるよう編集されています。
47. 座標の移動	「マス目の指示通りに移動する問題」と「指示された数だけ移動する問題」を収録。
48. 鏡図形	鏡で左右反転させた時の見え方を考えます。平面図形から立体図形、文字、絵まで。
49. しりとり	すべての学習の基礎となる「言葉」を学ぶこと、特に「語彙」を増やすことに重点をおき、さまざまなタイプの「しりとり」問題を集めました。
50. 観覧車	観覧車やメリーゴーラウンドなどを舞台にした「回転系列」の問題集。 「推理思考」分野の問題ですが、要素として「図形」や「数量」も含みます。
51. 運筆①	鉛筆の持ち方を学び、点線なぞり、お手本を見ながらの模写で、線を引く練習をします。
52. 運筆②	運筆①からさらに発展し、「欠所補完」や「迷路」などを楽しみながら、より複雑な鉛筆運びを習得することを目指します。
53. 四方からの観察 積み木編	積み木を使用した「四方からの観察」に関する問題を練習できるように構成。
54. 図形の構成	見本の図形がどのような部分によって形づくられているかを考えます。
55. 理科②	理科的知識に関する問題を集中して練習する「常識」分野の問題集。
56. マナーとルール	道路や駅、公共の場でのマナー、安全や衛生に関する常識を学べるように構成。
57. 置き換え	さまざまな具体的・抽象的事象を記号で表す「置き換え」の問題を扱います。
58. 比較②	長さ・高さ・体積・数などを数学的な知識を使わず、論理的に推測する「比較」の問題を練習できるように構成。
59. 欠所補完	線と線のつながり、欠けた絵に当てはまるものなどを求める「欠所補完」に取り組める問題集です。
60. 言葉の音（おん）	しりとり、決まった順番の音をつなげるなど、「言葉の音」に関する問題に取り組める練習問題集です。

◆◆ニチガクのおすすめ問題集◆◆

より充実した家庭学習を目指し、ニチガクではさまざまな問題集をとりそろえております!!

サクセスウォッチャーズ（全18巻）

①〜⑱
本体各￥2,200＋税

全９分野を「基礎必修編」「実力アップ編」の２巻でカバーした、合計18冊。

各巻80問と豊富な問題数に加え、他の問題集では掲載していない詳しいアドバイスが、お子さまを指導する際に役立ちます。

各ページが、すぐに使えるミシン目付き。本番を意識したドリルワークが可能です。

ジュニアウォッチャー（既刊60巻）

①〜60（以下続刊）
本体各￥1,500＋税

入試出題頻度の高い９分野を、さらに60の項目にまで細分化。基礎学習に最適のシリーズ。

苦手分野におけるつまずきを、効率よく克服するための60冊です。

ポイントが絞られているため、無駄なく高い効果を得られます。

国立・私立NEWウォッチャーズ

言語／理科／図形／記憶
常識／数量／推理
本体各￥2,000＋税

シリーズ累計発行部数40万部以上を誇る大ベストセラー「ウォッチャーズシリーズ」の趣旨を引き継ぐ新シリーズ!!

実際に出題された過去問の「類題」を32問掲載。全問に「解答のポイント」付きだから家庭学習に最適です。「ミシン目」付き切り離し可能なプリント学習タイプ！

実践 ゆびさきトレーニング①・②・③

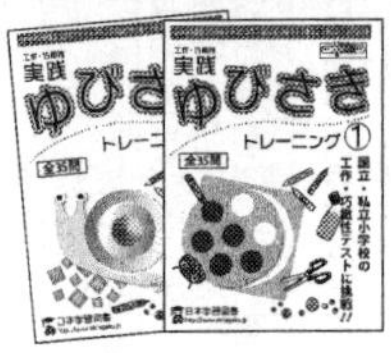

本体各￥2,500＋税

制作問題に特化した一冊。有名校が実際に出題した類似問題を35問掲載。

様々な道具の扱い（はさみ・のり・セロハンテープの使い方）から、手先・指先の訓練（ちぎる・貼る・塗る・切る・結ぶ）、また、表現することの楽しさも経験できる問題集です。

お話の記憶・読み聞かせ

［お話の記憶問題集］
中級／上級編
本体各￥2,000＋税

初級／過去類似編／ベスト30
本体各￥2,600＋税

1話5分の読み聞かせお話集①・②、入試実践編①
本体各￥1,800＋税

あらゆる学習に不可欠な、語彙力・集中力・記憶力・理解力・想像力を養うと言われているのが「お話の記憶」分野の問題。問題集は全問アドバイス付き。

分野別 苦手克服シリーズ（全６巻）

図形／数量／言語／
常識／記憶／推理
本体各￥2,000＋税

数量・図形・言語・常識・記憶の６分野。アンケートに基づいて、多くのお子さまがつまづきやすい苦手問題を、それぞれ40問掲載しました。

全問アドバイス付きですので、ご家庭において、そのつまづきを解消するためのプロセスも理解できます。

運動テスト・ノンペーパーテスト問題集

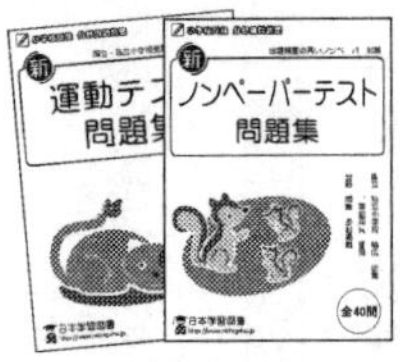

新 運動テスト問題集
本体￥2,200＋税

新 ノンペーパーテスト問題集
本体￥2,600＋税

ノンペーパーテストは国立・私立小学校で幅広く出題される、筆記用具を使用しない分野の問題を全40問掲載。

運動テスト問題集は運動分野に特化した問題集です。指示の理解や、ルールを守る訓練など、ポイントを押さえた学習に最適。全35問掲載。

口頭試問・面接テスト問題集

新 口頭試問・個別テスト問題集
本体￥2,500＋税

面接テスト問題集
本体￥2,000＋税

口頭試問は、主に個別テストとして口頭で出題解答を行うテスト形式。面接は、主に「考え」やふだんの「あり方」をたずねられるものです。

口頭で答える点は同じですが、内容は大きく異なります。想定する質問内容や答え方の幅を広げるために、どちらも手にとっていただきたい問題集です。

小学校受験 厳選難問集 ①・②

本体各￥2,600＋税

実際に出題された入試問題の中から、難易度の高い問題をピックアップし、アレンジした問題集。応用問題への挑戦は、基礎の理解度を測るだけでなく、お子さまの達成感・知的好奇心を触発します。

①は数量・図形・推理・言語、②は位置・常識・比較・記憶分野の難問を掲載。それぞれ40問。

国立小学校　対策問題集

国立小学校入試問題Ａ・Ｂ・Ｃ
（全３巻）本体各￥3,282＋税

新 国立小学校直前集中講座
本体￥3,000＋税

国立小学校頻出の問題を厳選。細かな指導方法やアドバイスが掲載してあり、効率的な学習が進められます。「総集編」は難易度別にＡ〜Ｃの３冊。付録のレーダーチャートにより得意・不得意を認識でき、国立小学校受験対策に最適です。入試直前の対策には「新 直前集中講座」！

おうちでチャレンジ ①・②

本体各￥1,800＋税

関西最大級の模擬試験である小学校受験標準テストのペーパー問題を編集した実力養成に最適な問題集。延べ受験者数10,000人以上のデータを分析しお子さまの習熟度・到達度を一目で判別。

保護者必読の特別アドバイス収録！

Q＆Aシリーズ

『小学校受験で知っておくべき125のこと』
『小学校受験に関する保護者の悩みＱ＆Ａ』
『新 小学校受験の入試面接Ｑ＆Ａ』
『新 小学校受験 願書・アンケート文例集500』
本体各￥2,600＋税
『小学校受験のための
願書の書き方から面接まで』
本体￥2,500＋税

「知りたい！」「聞きたい！」「こんな時どうすれば…？」そんな疑問や悩みにお答えする、オススメの人気シリーズです。

書籍についてのご注文・お問い合わせ
☎ 03-5261-8951

http://www.nichigaku.jp
※ご注文方法、書籍についての詳細は、Webサイトをご覧ください。

日本学習図書　検索

『読み聞かせ』×『質問』＝『聞く力』

お話の記憶の練習に最適

1話5分の
読み聞かせお話集①②

「アラビアン・ナイト」「アンデルセン童話」「イソップ寓話」「グリム童話」、日本や各国の民話、昔話、偉人伝の中から、教育的な物語や、過去に小学校入試でも出題された有名なお話を中心に掲載。お話ごとに、内容に関連したお子さまへの質問も掲載しています。「読み聞かせ」を通して、お子さまの『聞く力』を伸ばすことを目指します。

①巻・②巻　各48話

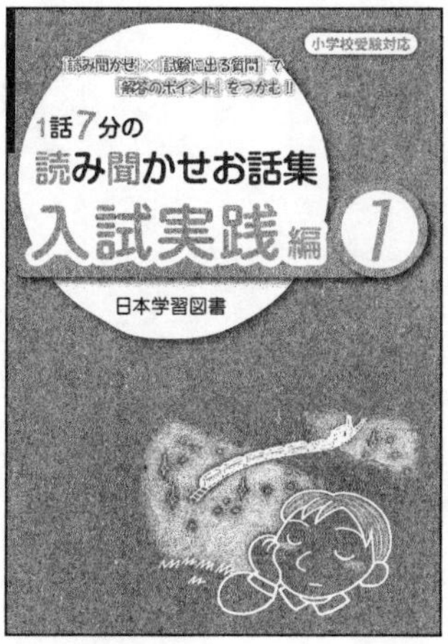

1話7分の読み聞かせお話集
入試実践編①

国立・私立小学校受験対応

最長1,700文字の長文のお話を掲載。有名でない＝「聞いたことのない」お話を聞くことで、『集中力』のアップを目指します。設問も、実際の試験を意識した設問としています。ペーパーテスト実施校の多くが「お話の記憶」の問題を出題します。毎日の「読み聞かせ」と「試験に出る質問」で、「解答のポイント」をつかんで臨みましょう！

50話収録

ニチガクの　この５冊で受験準備も万全！

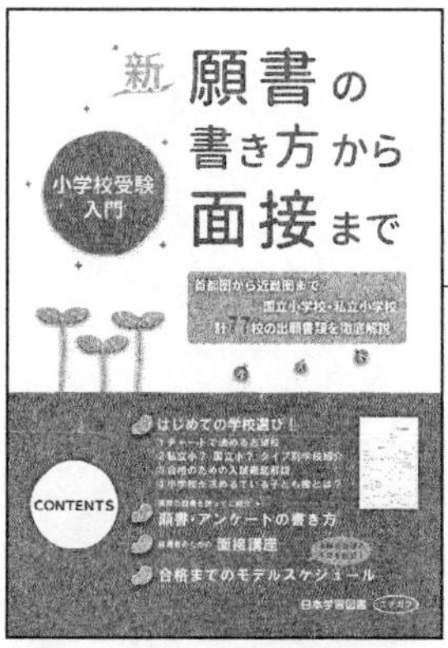

小学校受験入門
願書の書き方から面接まで　リニューアル版

主要私立・国立小学校の願書・面接内容を中心に、学校選びや入試の分野傾向、服装コーディネート、持ち物リストなども網羅し、受験準備全体をサポートします。

小学校受験で
知っておくべき
125のこと

小学校受験の基本から怪しい「ウワサ」まで、保護者の方々からの 125 の質問にていねいに解答。目からウロコのお受験本。

新　小学校受験の
入試面接Q＆A　リニューアル版

過去十数年に遡り、面接での質問内容を網羅。小学校別、父親・母親・志願者別、さらに学校のこと・志望動機・お子さまについてなど分野ごとに模範解答例やアドバイスを掲載。

新　願書・アンケート
文例集 500　リニューアル版

有名私立小、難関国立小の願書やアンケートに記入するための適切な文例を、質問の項目別に収録。合格を掴むためのヒントが満載！願書を書く前に、ぜひ一度お読みください。

小学校受験に関する
保護者の悩みQ＆A

保護者の方約 1,000 人に、学習・生活・躾に関する悩みや問題を取材。その中から厳選した 200 例以上の悩みに、「ふだんの生活」と「入試直前」のアドバイス２本立てで悩みを解決。

日本学習図書株式会社

学習院初等科　専用注文書

年　　月　　日

合格のための問題集ベスト・セレクション

＊入試頻出分野ベスト３

1st　口頭試問

思考力　聞く力　話す力

2nd　巧緻性

聞く力　集中力

3rd　行動観察

協調性　聞く力

口頭試問形式での個別テスト、グループでの行動観察ともにコミュニケーション能力が観点です。
指示の内容や質問の意図を理解し、的確に答えることが合格につながります。

分野	書　名	価格(税込)	注文	分野	書　名	価格(税込)	注文
推理	Ｊｒ・ウォッチャー 6「系列」	1,650 円	冊	巧緻性	Ｊｒ・ウォッチャー 51「運筆①」	1,650 円	冊
推理	Ｊｒ・ウォッチャー 10「四方からの観察」	1,650 円	冊	巧緻性	Ｊｒ・ウォッチャー 52「運筆②」	1,650 円	冊
常識	Ｊｒ・ウォッチャー 12「日常生活」	1,650 円	冊	推理	Ｊｒ・ウォッチャー 53「四方からの観察　積み木編」	1,650 円	冊
図形	Ｊｒ・ウォッチャー 16「積み木」	1,650 円	冊	図形	Ｊｒ・ウォッチャー 54「図形の構成」	1,650 円	冊
記憶	Ｊｒ・ウォッチャー 19「お話の記憶」	1,650 円	冊	常識	Ｊｒ・ウォッチャー 56「マナーとルール」	1,650 円	冊
記憶	Ｊｒ・ウォッチャー 20「見る記憶・聴く記憶」	1,650 円	冊		お話の記憶　初級編	2,860 円	冊
言語	Ｊｒ・ウォッチャー 21「お話作り」	1,650 円	冊		お話の記憶　中級編	2,200 円	冊
巧緻性	Ｊｒ・ウォッチャー 23「切る・貼る・塗る」	1,650 円	冊		１話５分の読み聞かせお話集①・②	1,980 円	各　冊
巧緻性	Ｊｒ・ウォッチャー 25「生活巧緻性」	1,650 円	冊		新 ノンペーパーテスト問題集	2,860 円	冊
常識	Ｊｒ・ウォッチャー 27「理科」	1,650 円	冊		実践 ゆびさきトレーニング①・②・③	2,750 円	各　冊
運動	Ｊｒ・ウォッチャー 28「運動」	1,650 円	冊		新 運動テスト問題集	2,420 円	冊
行動観察	Ｊｒ・ウォッチャー 29「行動観察」	1,650 円	冊		新 個別テスト・口頭試問問題集	2,750 円	冊
推理	Ｊｒ・ウォッチャー 31「推理思考」	1,650 円	冊		新 小学校受験の入試面接Ｑ＆Ａ	2,860 円	冊
推理	Ｊｒ・ウォッチャー 50「観覧車」	1,650 円	冊		入試面接最強マニュアル	2,200 円	冊

合計	冊	円

（フリガナ） 氏　名	電　話 ＦＡＸ E-mail	
住　所　〒　　　－		以前にご注文されたことはございますか。 有　・　無

★お近くの書店、または記載の電話・FAX・ホームページにてご注文をお受けしております。
電話：03-5261-8951　FAX：03-5261-8953　代金は書籍合計金額＋送料がかかります。
※なお、落丁・乱丁以外の理由による商品の返品・交換には応じかねます。

★ご記入頂いた個人に関する情報は、当社にて厳重に管理致します。なお、ご購入の商品発送の他に、当社発行の書籍案内、書籍に関する調査に使用させて頂く場合がございますので、予めご了承ください。

日本学習図書株式会社
https://www.nichigaku.jp

家庭学習をトータルサポート！ ニチガクのオリジナル 効果的 学習法

1 まずはアドバイスページを読む！

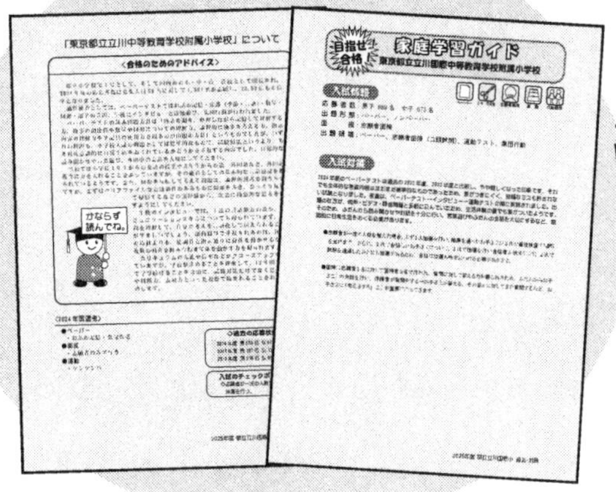

ピンク色です

対策や試験ポイントがぎっしりつまった「家庭学習ガイド」。分野アイコンで、試験の傾向をおさえよう！

2 問題をすべて読み、出題傾向を把握する

3 「アドバイス」で学校側の観点や問題の解説を熟読

4 はじめて過去問題にチャレンジ！

5 プラスα 対策問題集や類題で力を付ける

過去問のこだわり

最新問題は問題ページ、イラストページ、解答・解説ページが独立しており、お子さまにすぐに取り掛かっていただける作りになっています。
ニチガクの学校別問題集ならではの、学習法を含めたアドバイスを利用して効率のよい家庭学習を進めてください。

各問題のジャンル

問題4 分野：系列

〈準 備〉 クーピーペン（赤）

〈問 題〉 左側に並んでいる３つの形を見てください。真ん中の抜けているところには右側のどの四角が入ると繋がるでしょうか。右側から探して○を付けてください。

〈時 間〉 30秒

〈解 答〉 ①真ん中 ②右 ③左

アドバイス

複雑な系列の問題です。それぞれの問題がどのような約束で構成されているのか確認をしましょう。この約束が理解できていないと問題を解くことができません。また、約束を見つけるとき、一つの視点、考えに固執するのではなく、色々と着眼点を変えてとらえるようにすることで発見しやすくなります。この問題では、①と②は中の模様が右の方へまっすぐ1つずつ移動しています。③は4つの矢印が右の方へ回転して1つずつ移動しています。それぞれ移動のし方が違うことに気が付きましたでしょうか。系列にも様々な出題がありますので、このような系列の問題も学習しておくことをおすすめ致します。系列の問題は、約束を早く見つけることがポイントです。

【おすすめ問題集】
Ｊｒ・ウォッチャー６「系列」

アドバイス

各問題の解説や学校の観点、指導のポイントなどを教えます。
今日から保護者の方が家庭学習の先生に！

おすすめ対策問題集

分野ごとに対策問題集をご紹介。苦手分野の克服に最適です！
＊専用注文書付き。

2025年度版 学習院初等科 過去問題集

発行日 2024年5月24日
発行所 〒162-0821 東京都新宿区津久戸町 3-11-9F
日本学習図書株式会社
電 話 03-5261-8951 ㈹

ISBN978-4-7761-5551-5
C6037 ¥2100E
9784776155515
定価 2,310円
（本体 2,100円＋税 10%）
1926037021001

詳細は https://www.nichigaku.jp 日本学習図書 検索